60分でわかる!

THE BEGINNER'S GUIDE TO
GENERATIVE ARTIFICIAL INTELLIGENCE

生成AI

活用

最前線

株式会社GenerativeX 取締役CSO
上田 雄登 著

技術評論社

はじめに

　近年、AI 技術は目覚ましい進歩を遂げています。なかでも「生成 AI」と呼ばれる技術の進展には目を見張るものがあり、そのサービスの代表である「ChatGPT」は、多くの人に利用されるようになりました。生成 AI を使えば、文章や画像などのコンテンツを簡単に生み出すことができます。プログラミングの知識がなくても、人と話すように直感的に使えるという特長があり、その利便性の高さから急速に普及しています。

　生成 AI の活用事例として、BtoC のサービスが注目を集めることが多いですが、BtoB のサービスやデジタルトランスフォーメーション（DX）の推進などにも、はかりしれない可能性を秘めています。顧客とのコミュニケーションの自動化、社内文書の作成支援、データ分析の効率化など、あらゆる場面で業務を革新する力をもっています。

　本書では、生成 AI の基礎知識から具体的な活用事例まで、実践的な情報を紹介しています。まず、生成 AI の特徴やしくみ、従来の AI との違いなどを解説します。次に、さまざまな業界における生成 AI の活用事例を見ながら、業務の効率化や自動化、価値創造の方策を考えます。また、生成 AI 導入の留意点、セキュリティ、倫理的配慮、社内体制の整備などについても触れます。そして最後に、生成 AI の今後の展望として、技術発展とともに生成 AI がどのように進化していくのか、そしてそれが私たちのビジネスや生活にどのような変化をもたらすのか、生成 AI が切り開く新たな時代の可能性を探ります。

　生成 AI による変革の波は、もはや止めることができません。この大きな波に取り残されないようにするためには、まず生成 AI についての理解を深めることが先決です。新たな可能性に満ちたこの領域を一緒に探求していきましょう。本書を通じて、読者の皆様が生成 AI のポテンシャルを理解し、実際のビジネスや生活で最大限に活用できるようになることを切に願っています。

上田 雄登

Contents

Part 5

身につけるべきスキルやキャリアを知る

生成AIがもたらす働き方の変革 …………… 97

Part 6

イシューやリスクを知る

AI活用で直面する法整備や課題 …………… 115

Part 7 今後の可能性と戦略を知る

目覚ましい進化を遂げる生成AIの事例 …… 133

Part

1

基本の知識と技術を押さえる

活用の幅が
大きく広がる生成AI

さまざまな領域で活用される生成AI

● 創造的なタスクが実行可能になったAI

生成AIとは、従来のAIと異なり、膨大なデータで学習することにより、**新たなデータや情報、コンテンツなどを生み出す**こと（生成）ができるAIです。たとえば、文章や画像、動画、音声など、多様な分野でオリジナルのデータを生成できます。

AIはArtificial Intelligence（人工知能）の略語で、「人間などの生物がもつ知覚や知性を人工的に再現したもの」を意味します。従来のAIは、既存のデータを処理して分類や予測を行うなど、実行できる作業（タスク）は限定的でした。これに対して生成AIは、既存のデータからルールやパターンなどを学び取り、それをもとにオリジナルのデータを生み出すことができます。**処理したデータをもとに創造的なタスクも実行できる**ようになったという点で革新的な技術です。

生成AIの特長のひとつに、さまざまな要求に柔軟に応じることができ、**応用範囲が広い**ことが挙げられます。たとえば、新製品の広告文を考える際、生成AIで複数の文案を生成し、そのなかから最適なものを選択したり組み合わせたりすることができます。これにより、時間やコストの削減はもちろん、創造的なアイデアの創出も可能になり、ビジネスの効率化と革新を促進します。

生成AIは、ビジネスでの活用はもちろん、生活面にも大きな変化をもたらします。今後、生成AIの技術はさらに進化し、さまざまな分野に応用されていくことが見込まれます。たとえば、医療や教育、エンターテインメントなどの分野では、生成AIが診断を行ったり、新たな芸術作品を生み出したりすることも実現するでしょう。

● オリジナルのデータを生み出す生成AI

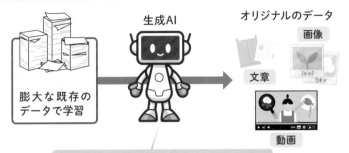

既存のデータからルールやパターンなどを
学び取り、それをもとにオリジナルのデー
タや情報、コンテンツなどを生み出す

●生成AIでできること

 文章生成

・ニュース記事の作成
・新製品の広告文の作成
・調査資料の作成
・Web記事の要約
・海外サイトの翻訳　など

 画像生成

・イラストの作成
・架空の写真の作成
・写真の加工
・広告のデザイン
・芸術的な絵画　など

 動画生成

・静止画からの動画の作成
・アニメーションの作成
・動画の欠落部分の補完
・動画の演出の変更
・動画の編集　など

 音声生成

・音声の合成
・音声の変換
・架空の音声の作成
・歌の歌唱
・感情表現の追加　など

まとめ	□ 生成AIを使えば新たなデータを生み出すことができる □ 生成AIはビジネスの効率化と革新を促進する

生成AIと従来のAIの違い

▶ 生成AIは基盤モデルによりさまざまなタスクに対応可能

　従来のAIは、特定のタスクを実行するために設計されていました。たとえば、画像認識や数値計算など、事前に定められた**特定の課題を解決するためにデータを処理する**ことが主な目的でした。したがって、さまざまなタスクを実行するためには、タスクごとにAIを設計・開発する必要があり、その成果も限定的なものでした。一方、生成AIは、事前に膨大なデータで学習することにより、多様なタスクに対応できます。このような性能をもったAIは「基盤モデル」と呼ばれ、**一度学習させると多岐にわたる課題を解決できる**ようになります。

　生成AIの登場により、AI活用の幅が格段に広がりました。従来のAIでは考えられなかったような個別化された記事の作成や、簡単な指示によるデザイン制作などといった、新たな価値創造やビジネスチャンスが生まれています。また、**知的労働におけるコスト削減や効率向上**も大きなメリットです。生成AIは、学習したデータから得られた性能をさまざまに組み合わせたり、個別の事象へ応用したりすることで、多岐にわたるタスクを効率よく、同時に実行できます。これにより、個々人の時間や能力などにより制約があった作業が、**生成AIにより短時間で大量に実行できる**時代になっています。

　従来のAIと生成AIの最大の違いは、その応用の範囲と柔軟性にあります。生成AIは、従来のAIの限界を打破し、人間のエージェント（代行者）として作業をしたり、人間の感性や直感が必要とされる創造的な領域の作業をしたりするなど、未知の領域の挑戦も可能にしています。

● 生成AIと従来のAIの違い

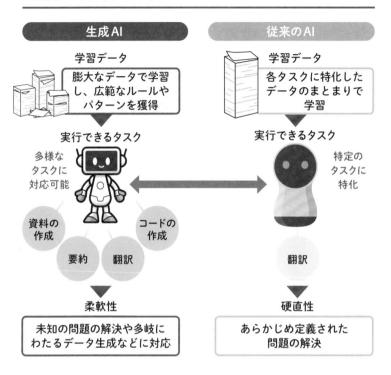

生成AI	従来のAI
学習データ	学習データ
膨大なデータで学習し、広範なルールやパターンを獲得	各タスクに特化したデータのまとまりで学習
実行できるタスク	実行できるタスク

多様な
タスクに
対応可能

特定の
タスクに
特化

資料の作成　要約　翻訳　コードの作成

翻訳

柔軟性	硬直性
未知の問題の解決や多岐にわたるデータ生成などに対応	あらかじめ定義された問題の解決

● 生成AIの性能と活用例

生成AI

広範なルールやパターンの獲得	多様なタスクへの対応	柔軟なデータや情報の生成
データや情報を個別にインプットしなくても、獲得したルールやパターンでタスクを実行	顧客ニーズに合わせた個別のカスタマーサポートの提供や多様な問い合わせへの効率的な対応	ターゲットに合わせたマーケティング戦略の生成や、訴求効果の高い広告文の生成など

まとめ
- ☐ 従来のAIでは限定された課題の解決しかできない
- ☐ 生成AIは多様なタスクへの対応力と柔軟性が特長

生成AIの主な種類と活用方法

● 多様な分野で生成AIの活用が広がっている

　生成AIと聞くと、多くの人は文章を作成するAIを思い浮かべるかもしれません。しかし、生成AIの技術は文章だけにとどまらず、**画像や音声、音楽など、多様な分野への応用**が進んでいます。

　まず文章生成は、自然な文章や、特定の体裁に基づいたデータの作成にも活用できます。たとえば、ビジネス文書の作成や海外記事の翻訳、創作のプロット作成、さらにはプログラムが処理できる形式のデータの作成など、幅広い分野で利用することが可能です。また、質問に答える形態の対話型AIなどにも応用されています。

　画像生成では、指示した**テーマやキーワードに基づき、新たな画像を生み出す**ことができます。これまで専門的なスキルをもった人のみがつくれたデザインやアート作品が、指示を与えるだけで制作できます。特にデザインや広告などの分野では、新しいビジュアルの創出が高速化され、試行錯誤を繰り返すことで、これまで以上に最適な画像をつくり出すことができるようになっています。

　また音声生成では、**リアルタイムで音声をつくったり変換したりする**ことができます。たとえば、映像制作において声優の代わりにセリフを話す、話者の声質のまま異なる言語へ翻訳するといった用途で活用できます。さらに音楽生成は、作曲家のアイデアを楽譜に起こしたり、楽曲を演奏したりするなど、音楽業界で注目されています。

　これらの技術は、私たちのビジネスや生活に新たな可能性をもたらすものといえます。作業時間や労力の効率性だけではなく、創造性も高めることができ、これまでにない価値を生み出すことが可能です。

● 生成AIの主な種類と活用例

文章生成
指示に基づいて自然な
文章をつくり出す

▼

ビジネス文書の作成
テーマや目的、記載するデータや
情報、規定の文字数や体裁などを
指定して文章を生成

海外記事の翻訳
海外記事全文を入力すると、入力
した内容を理解し、より自然な文
章で目的の言語により出力

対話型AIの対応
あらかじめ対応マニュアルや製品
データなどを学習させておくことで、
問い合わせへの対応が可能になる

画像生成
指示に基づいて高品
質な画像をつくり出す

▼

オリジナル画像の作成
指示されたテーマやキーワードを
もとに、学習したデータから特徴
を探し、一致する画像を生成

広告デザインの制作
デザインのテーマやスタイル、色
彩、テイストなどを指定することで、
その特徴に合ったデザインを制作

アート作品の創出
特定の画家の画風やタッチ、色遣い
などを学習し、それらを組み合わせ
て新たなアート作品を作成可能

音声生成
リアルタイムで音声の
生成や変換が可能

特定の音声の作成
人物の声質を学習し、特定の文章
をしゃべらせたり、別の声質に変
換させたりすることが可能

リアルタイムでの通訳
リアルタイムで言語を翻訳し、声
質を維持したまま、別の言語の音
声として出力することが可能

音楽生成
指示に基づいてコード
やメロディをつくり出す

特定のスタイルの楽曲作成
既存の楽曲から学習することで、指
定されたジャンルやスタイル、曲調
などに基づく新しい楽曲を生成

即興での楽曲の演奏
即興の演奏に合わせ、リアルタイ
ムで楽曲を学習し、それに合った
伴奏を生成することが可能

まとめ	□ 文章生成では文章以外に特定のデータへの変換も可能 □ 画像・音声生成では専門スキルがなくても創造作業ができる

生成AIの発展を支える
代表的な技術

● AI自身が自ら学習を進める技術により生成AIが発展

　生成AIがここまで発展した要因のひとつに、「**自己教師あり学習
(Self-Supervised Learning：SSL)**」の技術が考案されたことが
挙げられます。従来はAIの学習において、人間が一つひとつのデータ
に正解のラベルを付ける作業（**アノテーション**）が必要でしたが、AI
自身が大量のデータからルールやパターンを抽出することが可能にな
りました。つまり、AIの学習では人間がボトルネックになっていまし
たが、大規模なデータセット（特定の目的で収集されたデータの集合）
を使った学習が可能になり、AIの応用範囲は大きく広がったのです。

　ここでは、文章生成AIと画像生成AIに用いられる代表的な技術を
紹介します。ChatGPTなどの文章生成AIでは、**AIが与えられた文
脈に基づき、次に来る単語を予測（Next Token Prediction）**し
ています。大量のデータに対して「次の単語を予測する」という単純
なしくみで学習することで、さまざまなタスクに対応できる汎用的な
AIが構築されてきました。

　画像生成AIでは、**画像にノイズを加え、画像が破壊されていく過
程を学習するDiffusion Model（拡散モデル）**の技術が主に用いら
れます。この技術では、元の画像に少しずつノイズを加え、ノイズを
加えた画像と加えていない画像のセットをAIに学習させます。そし
て、画像生成の段階では、文字による指示とノイズを入力すると、AI
は少しずつノイズを除去していき、最終的に指示に合ったクリアな画
像を生成します。今後もこのような技術の発展により、生成AIはさ
らに多様な分野で活躍することが期待されています。

●「教師あり学習」のしくみ

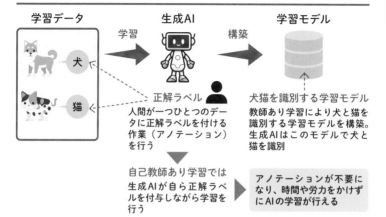

学習データ		生成AI		学習モデル

正解ラベル

人間が一つひとつのデータに正解ラベルを付ける作業（アノテーション）を行う

犬猫を識別する学習モデル
教師あり学習により犬と猫を識別する学習モデルを構築。生成AIはこのモデルで犬と猫を識別

自己教師あり学習では生成AIが自ら正解ラベルを付与しながら学習を行う

アノテーションが不要になり、時間や労力をかけずにAIの学習が行える

● 文章生成AIと画像生成AIに用いられる代表的な技術

●文章生成AIにおける単語の予測

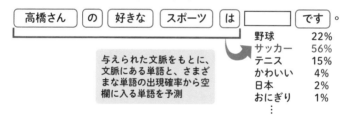

| 高橋さん | の | 好きな | スポーツ | は | | です | 。 |

野球	22%
サッカー	56%
テニス	15%
かわいい	4%
日本	2%
おにぎり	1%

与えられた文脈をもとに、文脈にある単語と、さまざまな単語の出現確率から空欄に入る単語を予測

●画像生成AIにおける Diffusion Model（拡散モデル）

ノイズを付加

元の画像に少しずつノイズを加え、画像が破壊されていく過程を学習

少しずつノイズを除去していき、最終的にクリアな画像を生成

ノイズを除去

まとめ	□ AIの学習では、AI自身が自ら学習を進めることが可能になった □ Next Token Predictionや拡散モデルなどが活用されている

生成AIの得意分野とその限界

● 事実と異なるデータを生成してしまうという課題

　生成AIは、文章や画像などを生成できることが注目され、創造的な作業が可能になることが特長とされています。しかし、生成AIは**正解のあるタスクや、明確な手順がある業務なども高精度で実行**できます。たとえば、データ分析やプログラミングなどの自動化、大量のデータの効率的な処理も得意な分野です。

　一方、生成AIには限界もあります。たとえば、AIが**実際には存在しないデータを生成してしまう「ハルシネーション（幻覚）」**と呼ばれる現象です。これは、生成AIは情報をそのまま記憶しているわけではなく、うろ覚えのような状態で回答することで発生します。また、出力する過程で、文脈を重視して回答を生成しようとしたり、推測の情報を強引に生成しようとしたりすることでも起こります。そこで、生成AIへの指示に、**参照すべき情報（P.22参照）を与えて文章を生成させるRAG**（Retrieval-Augmented Generation：検索拡張生成）と呼ばれる手法を用いることで、正しい情報に基づいた生成ができます。また、長期的なプロジェクトマネジメントや研究開発計画の策定など、複数のステップを経て目標に到達するような**長期にわたるタスクや現実空間における行動**も、現状の生成AIでは実行することが困難です。根本的な解決のためには今後の技術発展が不可欠ですが、生成AIに対する**指示を工夫したり外部ツールと連携させたりする**ことで、Webサイト上の検索やデジタルツールの操作といったデジタル空間で完結する行動に変換することなどが試みられています。こうした生成AIの活用が徐々に実現してきています。

● 創造的なタスク・正解があるタスクのどちらにも活用できる

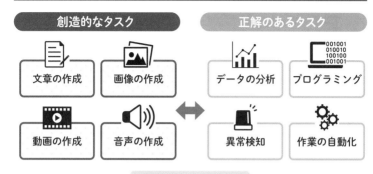

創造的なタスク
- 文章の作成
- 画像の作成
- 動画の作成
- 音声の作成

正解のあるタスク
- データの分析
- プログラミング
- 異常検知
- 作業の自動化

創造的なタスクだけではなく、正解があるタスクにも生成AIを活用できる

● 生成AIの主な課題と解決策

●ハルシネーションの課題

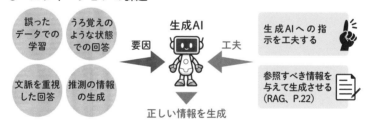

誤ったデータでの学習　うろ覚えのような状態での回答

文脈を重視した回答　推測の情報の生成

要因　→　生成AI　←　工夫

生成AIへの指示を工夫する

参照すべき情報を与えて生成させる（RAG、P.22）

正しい情報を生成

●長期的なタスクや現実空間の行動の課題

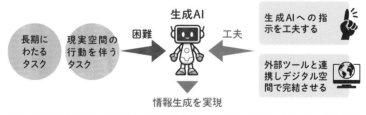

長期にわたるタスク　現実空間の行動を伴うタスク

困難　→　生成AI　←　工夫

生成AIへの指示を工夫する

外部ツールと連携しデジタル空間で完結させる

情報生成を実現

まとめ
- ☐ 生成AIは創造的なタスクと正解のあるタスクの両方に強い
- ☐ 生成AIは単体で使うのではなく連携することが今後の鍵

プロンプトエンジニアリングで
生成AIをカスタマイズ

● エンジニアでなくても取り組めるカスタマイズ手法

　生成AIの普及とともにカスタマイズの重要性が高まっています。カスタマイズとは、生成AIの機能を特定の用途やニーズに合わせて調整することです。カスタマイズできる要素には、**❶生成AIへの指示内容の工夫**、**❷外部ツールとの連携**、**❸生成AI自体の調整**の3つがあります。

　最も基本的なカスタマイズの手法は、生成AIへの指示内容を工夫する**❶「プロンプトエンジニアリング」**です。プロンプトエンジニアリングとは、外部ツールとの連携や生成AI自体の調整などを行うことなく、生成AIへの指示（プロンプト）だけを最適化し、目的に合った回答を引き出す技術です。指示した内容は、生成AIの内部で行われる**「次の単語や文の予測」のプロセスに影響を与える**ため、指示の出し方が非常に重要になります。

　プロンプトエンジニアリングは、技術的な難度が低く、誰でも取り組みやすい手法です。生成AIの出力結果はプロンプトに左右されるため、基本的な記述方法を押さえておきましょう。具体的には、まず指示の**「背景」**を明確にし、**「指示」**の内容を端的に記述します。また、出力したい形式が決まっているときは**「出力形式」**を記載し、文字数などの制約がある場合は**「制約事項」**を列挙しましょう。文脈や意図、質問のスタイルなどを工夫することで、生成AIが適切に回答できるよう導きます。特定の形式で厳密に記述するプログラミングとは異なり、上司が部下に指示を出すように、**人間にわかりやすく、解釈が分かれない指示**であれば問題ありません。

● 生成AIへの指示（プロンプト）の例

背景
文脈や背景などを記載

> ## 背景
> あなたは医療機器の専門知識をもった最高のセールスパーソンです。
> 次回の訪問計画を立てる必要があります。

指示
生成AIに対する指示を端的に記載

> ## 指示
> `訪問記録`を参考に、`出力形式`を遵守し、次回の接触戦略を立ててください。

ステップ
実行するためのステップを記載することで、性急に回答を出力することを防ぐ

> ## 実行Step
> Step1:
> 前回までの訪問日時を踏まえ、次回の訪問日を考えてください。
> Step2:
> 次回の訪問の名目と、その際に話すべき内容を戦略的に考えてください。
> Step3:
> 顧客の性格や情報を踏まえ、訪問時の注意点を考えてください。

出力形式
出力形式を指定することで、望ましい出力を得る

> ## 出力形式
> 下記のjson形式で出力してください。
> json.loadsで読み込める必要があります。
> {
> "次回訪問日": yyyy-mm-dd,
> "接触方法": str,
> "接触名目": str,
> "接触時に伝えるべき内容": str,
> "訪問時の注意点": str,
> }

制約事項
各項目について注意すべき点を記述

> ## 制約事項
> `次回訪問日`は、前回の訪問日から1週間以上空けること。
> `接触方法`は、以下のいずれかの文字列であること。
> "訪問"
> "電話"
> "メール"
> `接触名目`、`接触時に伝えるべき内容`、`訪問時の注意点`は200文字程度であること。
>
> ---

参考情報
生成AIに望ましい出力をさせるために必要な情報を与える

> ## 訪問記録
> <ここに訪問日誌を記入>

まとめ	□ プロンプトエンジニアリングはカスタマイズの第一歩
	□ 文脈、意図、質問のスタイルを工夫し、適切な回答を導出

ニーズに合わせた3つの カスタマイズ手法

● 正確な回答が得られるように細かい調整などが必要とされる

　生成AIのカスタマイズには、P.20で紹介した❶プロンプトエンジニアリングのほか、外部ツールと連携する❷「**RAG**」（P.18参照）、生成AI自体を調整する❸「**ファインチューニング**」もあります。

　❷RAGは、**人間が外部データなどを指示し、生成AIがそれを参照して生成する**手法です。これにより、信頼性の高い情報をもとに生成できます。生成AIは、人間からの問い合わせに含まれる単語や文などを多次元空間にマッピングし、単語や文などを数値化して計算できるようにします。そうして、問い合わせと外部データを比較し、最も近い位置にある情報を出力するのです。

　また❸ファインチューニングは、特定の分野やタスクに適応させたデータで生成AIに学習させることで、**その分野やタスクに特化したモデルを形成させる**手法です。たとえば、医療や法律などの分野に特化した文章生成がこれにあたります。ただし、単純に学習させるだけではなく、細かな調整が必要になります。

　生成AIをカスタマイズする際、最初に検討すべきは❶プロンプトエンジニアリングです。比較的容易でありながら、パフォーマンスを大きく向上させられる可能性があります。参照する情報を柔軟に変えたい場合には❷RAGを検討しますが、検索の精度によっては不適切な情報が参照されるリスクもあります。最後に❸ファインチューニングを検討します。この技術には大量のデータが必要なうえ、効果が得られるまで調整するのに多くの労力がかかるので、ほかの手段で解決できない場合に検討します。

● 生成AIの主なカスタマイズの手法

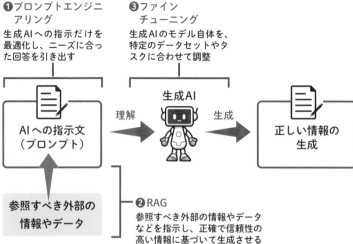

❶プロンプトエンジニアリング
生成AIへの指示だけを最適化し、ニーズに合った回答を引き出す

❸ファインチューニング
生成AIのモデル自体を、特定のデータセットやタスクに合わせて調整

生成AI

AIへの指示文（プロンプト） →理解→ 生成AI →生成→ 正しい情報の生成

参照すべき外部の情報やデータ

❷RAG
参照すべき外部の情報やデータなどを指示し、正確で信頼性の高い情報に基づいて生成させる

比較項目	プロンプトエンジニアリング	RAG	ファインチューニング
実装の容易さ	技術的な難易度は低く、初心者でも取り組みやすい	情報の検索と統合が必要。やや複雑だが実装は容易	大規模なデータセットと専門知識が必要で最も難易度が高い
データ要件	特別なデータは必要ないが、高品質な業務ノウハウやマニュアルの言語化が必要	関連性の高い外部データへのアクセスが必要	大規模で特化したデータセットが必須
応答の質	ノウハウやマニュアルの品質に依存	正確な情報を提供する能力が高いが、検索の質に依存	非常に高い特化度と精度を実現するが、データ依存が強い
柔軟性	さまざまなシナリオに対応。プロンプトの変更で幅広く対応できる	参照する情報が指示に応じて変更可能であり、柔軟に対応可能	高い特化度により柔軟性は低い。変更には再学習が必要
特化能力	プロンプトに含める指示やノウハウに応じて特化できる	さまざまな情報にアクセスする必要がある汎用的な仕事に有利	特定の分野やタスクに深く特化
リスク	指示の質が鍵。不明な情報は取得できない	不正確な外部情報によるリスク	大量データによる過学習や偏見のリスク

まとめ	☐ プロンプトとRAGで回答の精度を向上させる ☐ ファインチューニングには技術と計算資源が必要になる

生成AIがもたらす社会の変革

● 生成AIが新たな知的存在として情報や知識を生み出す

　生成AIの発展は社会に大きな変化をもたらしています。特に、生成AIの大規模言語モデルは、**情報を活用する新たな手段**になり得ます。大規模言語モデルとは、大量の単語や文などのデータで学習して構築された言語（人間が日常で使う言語やコードなど）を処理するためのモデルです。こうしたモデルでは、**大量のデータから特定の情報を抽出し、それらを多様に組み合わせて活用**できます。

　人間には大量の情報を処理したり、一定の品質を維持して情報をつくり出したりすることは困難です。対照的に、従来のシステムは大量のデータを効率的に処理できるものの、その処理は定型的なものに限られ、会話などの非定型的なものには対応できません。

　生成AIは、これらの**制約を超える能力**を秘めています。生成AIモデルでは、情報を多様に活用することが可能で、対話機能はその応用例のひとつにすぎません。実際、生成AIは、非定型的な情報から非定型的な情報への変換はもちろん、さまざまな情報の変換に対応できます。ビジネスプロセスの自動化、意思決定の支援、創造的なアイデアの生成など、幅広い用途で利用される可能性があるのです。

　これにより、ビジネスモデルの創出やデジタルトランスフォーメーション（DX）の拡大にとどまらず、医療や法務などの専門知識の活用、AIを駆使した新たな教育方法の開発、芸術やクリエイティブな分野でのコンテンツ開発など、さまざまな分野での革新が期待されます。生成AIは情報や知識を生み出し、それを活用するための新たな知的存在として位置付けられるようになっています。

● 生成AIによる主な変革

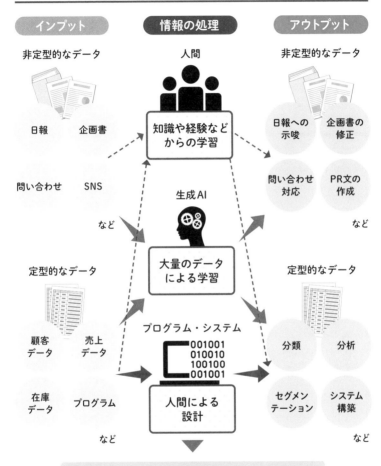

インプット
情報の処理
アウトプット

非定型的なデータ
人間
非定型的なデータ

日報　企画書
知識や経験などからの学習
日報への示唆　企画書の修正

問い合わせ　SNS
生成AI
問い合わせ対応　PR文の作成

など
大量のデータによる学習
など

定型的なデータ
プログラム・システム
定型的なデータ

顧客データ　売上データ
001001
010010
100100
001001
分類　分析

在庫データ　プログラム
人間による設計
セグメンテーション　システム構築

など
など

従来のプログラムでは、定型的なデータしか扱えなかったが、生成AIの登場により、定型的なデータも非定型的なデータもAIで処理できるようになった

まとめ
□ 生成AIは情報活用の面で社会に変革を起こす
□ 生成AIは幅広い分野で革新とDXを加速させることに寄与

人間もハルシネーションを起こしている？

　近年、ChatGPT や Stable Diffusion（P.136 参照）などの生成
AI が注目されていますが、これらの AI は与えられたプロンプト
に基づき、驚くほど自然な文章や画像などを生成できます。その
一方で、生成 AI が「ハルシネーション（幻覚）」（P.18 参照）と
呼ばれる現象を起こすことが指摘されています。

　ハルシネーションとは、生成 AI が実際には存在しないデータ
や矛盾した情報などを生成してしまうことを指します。たとえば、
「2020 年に開催された東京オリンピック」といった誤った情報を、
まるで事実のように提示することがあります。このようなハルシ
ネーションは、生成 AI の限界を示す事例としてよく取り上げら
れますが、よく考えてみると、人間もハルシネーションを起こし
ているのではないでしょうか。インターネット上には、誤った情
報や根拠のない主張があふれています。特に生成 AI に関する記
事は、技術的な理解不足などから、誤解に基づく内容が多く見受
けられます。それにより「嘘が嘘を呼ぶ」こともしばしばあります。

　つまり、人間が書いた記事だからといって、無根拠に信じるこ
とは危険といえます。むしろ生成 AI と同様、人間の発信する情
報にも注意深く向き合う必要があります。事実と意見を見分け、
根拠を確認し、批判的に吟味することが重要です。

　生成 AI のハルシネーションは、技術的な課題として認識され
るべきですが、同時に人間の認知の限界も思い起こさせてくれま
す。AI と人間は、ともに完璧ではありません。両者の長所と短所
を理解し、適切に付き合っていくことが、これからの時代に求め
られているといえるでしょう。

Part

2

活用の状況を知る

発展著しい生成AIの
分野と機能

生成AIがビジネスに与える変革

●システム主導からヒューマンセントリックなDXへ変化

　従来のビジネス環境では、**デジタルトランスフォーメーション（DX）は主にシステム主導**で進められてきました。その際、企業は組織をシステムに適応させるため、業務プロセスを変革しなければならず、効率性の面でしばしば問題が発生していました。それが生成AIの登場により、**"ヒューマンセントリック"な（人間中心の）アプローチが可能**になったことで、システムを人間の働き方やニーズなどに適応させる形態に変化してきています。

　このヒューマンセントリックなDXにおいては、生成AI、特に大規模言語モデル（P.24参照）が重要な役割を担っています。生成AIを活用することで、企業は**既存のプロセスを大きく変更することなく、効率的かつ柔軟にDXを推進できる**ようになりました。この変化は、企業だけではなく従業員にとっても重要です。従業員は創造的かつ戦略的な業務に集中できるようになり、結果として組織全体の生産性向上につながっていくのです。

　さらに、生成AIはビジネスモデルの創出にも貢献しています。従来はコスト面で実現が難しかった業務やサービスが、**AIの活用により低コストで行える**ようになりました。これは、市場開拓や競争力強化に直結します。このように、**システム主導のDXからヒューマンセントリックなDXへの移行**は、単に技術の変化にとどまらず、ビジネスのあり方を変革する可能性を秘めています。生成AIにより、企業は人間中心のビジネスプロセスを柔軟に構築できるようになり、かつビジネスモデルも創出しやすくなるのです。

● システム主導からヒューマンセントリックへのDXのシフト

システム主導のDX
先端技術を活用できるよう、
最新のシステムなどに
業務プロセスを適応させる変革

ヒューマンセントリックなDX
働く人を中心として、人間の働き方や
ニーズ、課題などにシステムを
適応させる変革

データ分析や意思決定の迅速化	業務やプロセスの効率化・自動化
先端技術の活用による新しい製品やサービスの提供	リアルタイムでの顧客分析による需要の充足

従業員に合わせたシステムの最適化	定期的なフィードバックによるシステムの向上
年齢や能力などによらず誰でも利用できる環境の構築	従業員のニーズや課題をもとにした解決策の提供

業務プロセスを変革しなければならず、効率性の面でしばしば問題が発生

既存のプロセスを大きく変更することなく、効率的かつ柔軟にDXを推進できる

システム主導DX	ヒューマンセントリックDX

第1フェーズ	第2フェーズ	第3フェーズ
IT利用による業務プロセスの強化	ITによる業務の置き換え	ITと業務がシームレスに変換される状態
標準化された業務プロセスをITシステムに置き換える	業務をITに代替させて自動化	ITと業務の現場が一体となり、改善活動を高速に繰り返しながら、常に最適な状態を維持して業務を遂行
業務システムの導入 など	RPA (Robotic Process Automation)、データ連携 など	IoT (Internet of Things)、AI、ブロックチェーン など

まとめ	☐ ヒューマンセントリックなDXは業務プロセスを効率化できる ☐ 生成AIによりビジネスモデル創出と市場開拓が実現できる

業界別×組織機能別による
生成AIの活用状況

● 業界に特化した機能の活用と共通の機能の活用がある

生成AIは、多岐にわたる分野で活用されています。まずは生成AIが**導入されている業界（Vertical）**と、**利用されている組織機能（Horizontal）**により、生成AIの活用状況を概観してみましょう。

各業界に導入されている生成AIは、業界特有の**ニーズや課題へのソリューション**として活用が進んでいます。たとえば、ヘルスケア業界では画像診断の支援や新薬の開発、金融業界では顧客ごとに個別化された投資商品の提案やリスク評価、製造業では生産プロセスの最適化や品質管理などに生成AIが活用されています。

一方、特定の業界に限定されず、**分野横断的に利用されている機能**も存在します。たとえば、カスタマーサポートの自動応答システム、マーケティングにおける消費者行動予測などがあります。これらの機能は、多くの業界で共通に利用され、業務効率化やサービス創出に貢献しています。職種に目を向けると、人事分野では、採用プロセスの効率化、人材マネジメントの最適化、従業員のエンゲージメント向上などに活用されています。また法務分野では、契約書の自動生成や、コンプライアンスの管理、法律情報の調査などの法的リスクの低減に寄与しています。

このように生成AIは、**業界や機能に応じて多様な形態で活用**され、ビジネスでの価値創造に大きく貢献しています。その応用範囲は今後さらに広がり、多くの分野でイノベーションを起こすことが期待されています。そして生成AIの発展は、これらの業界や機能をさらに高度化させ、新たなビジネスチャンスも生み出すでしょう。

◉ 生成AIの主な活用状況マップ

Vertical
業界特有のニーズや課題などへのソリューション

ヘルスケア	金融	メディア	製造	小売
個別化医療	投資商品の提案	制作プロセスの効率化	生産プロセスの最適化	商品提案の個別化
画像診断の支援	リスク評価	広告効果の予測	品質管理	在庫管理
新薬の開発	など	など	など	など
など				
→011 (P.32)	→012 (P.34)	→013 (P.36)	→014 (P.38)	→015 (P.40)

人事	採用プロセスの効率化	スキルマッチング	など	→016 (P.42)
営業	顧客データの解析	セールスの最適化	など	→017 (P.44)
マーケティング	消費者行動予測	ターゲットマーケティング	など	→018 (P.46)
研究開発	データ分析	製品開発のアイデア生成	など	→019 (P.48)
法務	契約書の自動生成	法的リスクの低減	など	→020 (P.50)

Horizontal
分野横断的に利用されている組織機能

業界特有のニーズや課題に特化した機能と、分野横断的な共通の機能の両面で生成AIが活用される

まとめ	☐ 生成AIは各業界のニーズや課題への解決策をもたらす
	☐ 分野横断的な生成AIの機能がビジネスの効率化に貢献

Vertical①
ヘルスケア業界での活用

● 医療・創薬従事者の業務を効率化する生成AI

　医療・医薬品業界では、生成AIの導入により、サービスの質と効率を飛躍的に向上させています。具体的には、**医療問診の効率化、新薬開発の期間短縮やコスト削減**などで生成AIが活躍しています。

　たとえばUbieは、生成AIを活用した医療機関向けの事前問診サービスを提供しています。このサービスでは、約5万件の医学論文のデータで学習したアルゴリズムにより、**患者ごとに最適化された問診を行う**ことができます。患者が専用のタブレット端末を用いて症状などを答えると、生成AIは回答に応じて質問を出し分け、深堀りを行います。これにより、問診票では聴取できない詳細な症状も把握でき、その後の医師の診察も適切に行えるようになります。

　また富士通と理化学研究所は、生成AIを活用した創薬技術を共同研究により開発しました。この技術は生成AIを活用し、**大量の電子顕微鏡画像からタンパク質の構造変化を予測する**もので、従来の手順より10倍以上の速さで予測可能とされています。これまでは、タンパク質の構造変化を捉えるために、高度な専門知識や長期に及ぶ研究期間、多くの研究コストが必要とされました。しかし、この技術を活用すれば、ウイルスに感染する際のウイルス表面のタンパク質の構造変化を素早く把握でき、ウイルス感染を抑制する薬の設計が効率化され、新薬の開発スピードが加速することが期待されています。

　これらの事例からわかるように、生成AIはヘルスケア業界における革新を後押しし、事前問診の効率化から新薬開発の高速化まで、さまざまな形態で業務やサービスの質を向上させています。

● AI問診の流れ

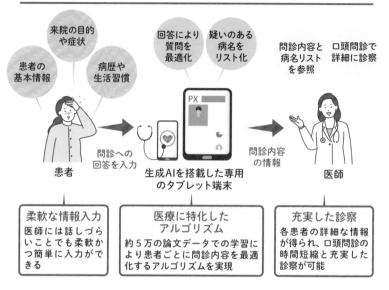

患者の
基本情報

来院の目的
や症状

病歴や
生活習慣

回答により
質問を
最適化

疑いのある
病名を
リスト化

問診内容と　口頭問診で
病名リスト　詳細に診察
を参照

患者

問診への
回答を入力

生成AIを搭載した専用
のタブレット端末

問診内容
の情報

医師

柔軟な情報入力
医師には話しづらいことでも柔軟かつ簡単に入力ができる

**医療に特化した
アルゴリズム**
約5万の論文データでの学習により患者ごとに問診内容を最適化するアルゴリズムを実現

充実した診察
各患者の詳細な情報が得られ、口頭問診の時間短縮と充実した診察が可能

● 生成AIによるタンパク質の構造変化の予測のしくみ

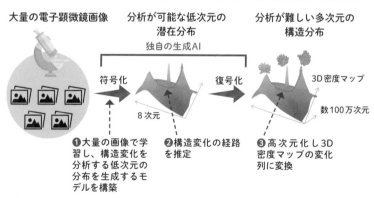

大量の電子顕微鏡画像

分析が可能な低次元の
潜在分布

独自の生成AI

分析が難しい多次元の
構造分布

符号化　　　　　　　　復号化

8次元

3D密度マップ

数100万次元

❶大量の画像で学習し、構造変化を分析する低次元の分布を生成するモデルを構築

❷構造変化の経路を推定

❸高次元化し3D密度マップの変化列に変換

出典：富士通株式会社「富士通と理化学研究所、独自の生成AIに基づく創薬技術を開発」(2023年10月10日) を参考に作成

まとめ
□ ヘルスケア業界おける診断精度の向上と業務効率化を実現
□ 新薬開発の期間短縮とコスト削減にも貢献

Vertical②
金融業界での活用

● 金融に特化した生成AIが市場を分析してアドバイス

　金融業界では、顧客サービスの向上からリスク管理の高精度化、投資戦略の最適化に至るまで、生成AIは多方面で活用されています。またAI技術の発展により、顧客ごとにパーソナライズ化された金融サービスの提供も実現が可能になります。

　たとえば、米金融大手のモルガン・スタンレーは、AI開発の非営利研究機関であるOpenAIの**チャットボットを金融アドバイザーのアシスタント**として使っています。このチャットボットが金融市場の状況や金融商品の内容、調査レポート、社内手続きなどのデータを照会することで、金融アドバイザーはより迅速で正確な情報提供ができます。これにより、顧客へのサービス品質が向上し、金融アドバイザーの業務効率も大幅に改善されています。

　また、米金融情報サービス大手のブルームバーグは、金融に特化した大規模言語モデル「**ブルームバーグGPT**」の開発を進めています。このモデルは、同社の膨大な金融データを学習し、文字情報から人間の感情を分析する**センチメント分析、固有名詞認識、ニュース分類、質問応答などのタスクをこなす能力**をもっています。これにより、金融市場のより高度な分析と情報提供が可能になります。

　さらに金融業界には、事務手続きやレポート作成、問い合わせ対応など、大量のバックオフィス業務があります。米金融大手のシティグループやドイツ銀行、みずほフィナンシャルグループ、三菱UFJフィナンシャル・グループなどでは、従業員に生成AI利用を開放することで、バックオフィス業務の効率化を図っています。

● 金融業界での生成AIチャットボットの活用

対話型の取引を実現
口座残高の確認、支払いの手配、振り込みのスケジューリング、金融情報の提供といった金融タスクや取引などを対話により実行できる

高精度な市場分析
大規模言語モデルにより金融市場の状況や金融商品の内容を分析し、戦略を生成したり、ベンチマークと比較したりすることができる

データの信頼性を向上
生成AIが生成したデータは蓄積・学習され、モデルが改良されていくことで、生成AIの精度が向上し、データのプライバシー遵守も保証される

顧客へのサービス
品質の向上

金融アドバイザー
の業務効率の改善

● 金融業界に特化した大規模言語モデルの活用例

ブルームバーグGPT
長年蓄積してきた膨大な金融データを学習させた大規模言語モデル
金融に特化したモデル

複雑な金融のしくみ
を理解

金融業界特有の語彙
に対応

センチメント分析	固有名詞認識	ニュース分類	質問応答
文字データや音声データから人間の感情を分析	文字データから人名や商品名などの固有名詞を自動で認識	ニュースのジャンルや属性などを推定	ユーザーの質問に適切な回答を返す

金融市場のより高度な
分析と情報提供が可能

まとめ

☐ 金融業界では生成AIの活用で顧客サービスを向上させている
☐ 生成AIを利用することで、投資判断とリスク管理の精度が向上

Vertical③
メディア業界での活用

● ユーザーエンゲージメントを向上し、よりよいメディア体験を実現

　メディア業界では、生成AIはコンテンツの制作や配信、ユーザーエンゲージメントの向上などに活用されています。生成AIの進化により、メディアの創造性と効率性を大きく向上させる可能性もあります。たとえばサイバーエージェントは、アニメ業界における生成AIの研究開発に取り組む「アニメーションAI Lab」を新設し、生成AIを活用した新たな制作プロセスの構築を目指しています。この組織では、**生成AIで映像や音楽などをつくり出す**ことで効率化を図り、人手不足の解消やコスト削減などにつなげようとしています。

　また博報堂DYメディアパートナーズは、大規模言語モデルを活用して広告効果を予測するサービスを開始しています。**大規模言語モデルに20万人分のデータを学習させることで予測精度を向上**させたこのサービスは、広告効果予測のメニューに組み込まれ、特定層の番組視聴や消費行動などの予測に活用されています。大規模言語モデルの推論により、予測の結果と根拠が明示され、マーケティング戦略の策定が効果的に行えます。

　そして何より世間を驚かせたのは、OpenAIが2024年2月に発表した動画生成AI「Sora」でしょう。Soraを使えば、たとえば「公園で犬が走っている動画」などの文章を入力することで、それに沿った高品質な動画を生成できます。また、既存の動画に指示を与えて編集することも可能です。Soraは、単に動画を生成するだけではなく、現実空間のデータをもとにしたデジタル空間でのシミュレーションにも活用の幅が広がっていくことが期待されています。

● 生成AIによるアニメ制作の活用例

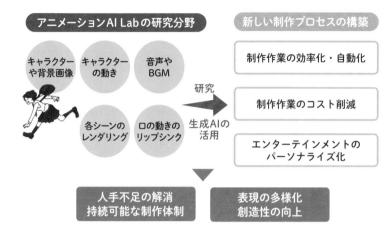

アニメーションAI Labの研究分野

- キャラクターや背景画像
- キャラクターの動き
- 音声やBGM
- 各シーンのレンダリング
- 口の動きのリップシンク

研究 → 生成AIの活用

新しい制作プロセスの構築

制作作業の効率化・自動化

制作作業のコスト削減

エンターテインメントのパーソナライズ化

人手不足の解消
持続可能な制作体制

表現の多様化
創造性の向上

● 生成AIの広告業界への活用の例

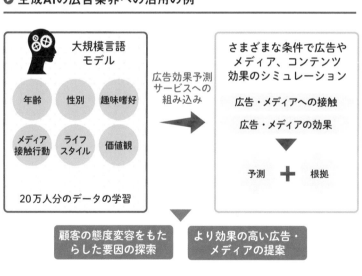

大規模言語モデル

- 年齢
- 性別
- 趣味嗜好
- メディア接触行動
- ライフスタイル
- 価値観

20万人分のデータの学習

広告効果予測サービスへの組み込み →

さまざまな条件で広告やメディア、コンテンツ効果のシミュレーション

広告・メディアへの接触

広告・メディアの効果

予測 ＋ 根拠

顧客の態度変容をもたらした要因の探索

より効果の高い広告・メディアの提案

まとめ
- □ 生成AIによるコンテンツ制作の効率化と品質向上
- □ ゲームやアニメ制作における人手不足の解消へ寄与

37

Vertical④
製造業での活用

●製品検査の自動化やAIアシスタントによる操作確認などに活用

　製造業における生成AIの活用は、生産性と品質管理の向上に大きく貢献しています。特に米フォード・モーターと米ヒューレット・パッカードの事例から、そのポテンシャルの高さが見て取れます。

　フォード・モーターでは、**生成AIにより製品検査を自動化**し、製品の欠陥や異常を特定することで品質管理を向上させています。具体的には、自動車製造工場の車両部品の製造上の欠陥を特定すれば、欠陥部品を減らすことができます。また、過去の製品画像を分析し、新しい製品の潜在的な欠陥を予測することで、欠陥製品を製造するコストと無駄を最小限に抑える効果が期待できます。

　またヒューレット・パッカードは、**大規模言語モデルを活用したAIアシスタントを導入**し、現場作業員が産業用ロボットに自然言語や画像で質問できるシステムを構築しました。たとえば、作業員がロボットを起動する方法を尋ねると、AIアシスタントがスタートボタンの位置を指示し、緊急時のロボット停止スイッチの位置や、ロボットアームの交換方法なども対話形式で教えてくれます。

　国内では、たとえば旭鉄工が、長年の経験と知識をChatGPTで整理し、製造現場の改善や効率化のアイデア創出につなげています。具体的には、トラブル対応のデータをChatGPTに参照させ、適切な対応策を提案できるようにしています。今後、AI技術の発展により、さらなる高度な効率化や自動化が期待されます。たとえば、顧客ニーズに対応したカスタムメイド製品の生産や、環境に優しい製造プロセスの構築などが実現する可能性があります。

▶ 製造業における生成AIの活用例

多くの設計アイデア
を生成・テストでき、
よりよい製品を迅速
に生産できる

**製品の設計・
開発**

**品質管理の
改善**

製品の欠陥や異常を
特定し、品質管理を
向上させることがで
きる

予知保全

温度、振動、音など
のデータに基づい
て機器の故障を予
測し、未然に保守
できる

生産状況のシミュ
レーションや需要
予測などにより、在
庫を最適化できる

在庫管理

問い合わせへの回
答、情報の提供、一
般的な問題への対処
などを自動化できる

**カスタマー
サービスの
自動化**

**サプライ
チェーンの
支援**

在庫追跡と物流管理
によりサプライ
チェーンの問題を特
定し、在庫の管理と
調達を最適化

▶ 対話で操作を支援する産業用ロボットの例

AIアシスタント搭
載産業用ロボット

対話により操作方法を支援

現場の作業員

起動するにはどうすればい
い？

アームの下部裏側のスター
トボタンを押してください

ここがスタートボタン？

はい、そうです

そのほか

緊急時の停
止スイッチの
位置の指示

ロボットアー
ムの交換方
法の説明

まとめ	☐ 生成AIにより製品の設計や開発、品質管理を効率化
	☐ AIアシスタントで産業用ロボットの操作方法も支援

Vertical⑤
小売・販売業務での活用

● ネットショッピングの効率化と顧客満足度の向上を実現

　小売業界では、顧客サービスと業務効率の向上を目指し、生成AIの導入が進められています。具体的には、米ネットオークションサイト大手のeBayと、ライブコマースの事例が挙げられます。

　eBayでは、「ShopBot」という生成AIを組み込んだショッピングアシスタントが顧客サービスを向上させています。このShopBotは、対話を通じて顧客の要求を理解し、各顧客に合わせた商品提案を行います。**顧客は文字や音声、画像を使ってShopBotと対話をする**ことで、10億点以上の商品リストから最適な商品を見つけられます。

　またライブコマースの分野では、「AIセールスアシスタント」が新たなトレンドになっています。ライブコマースとは、SNSなどによるライブ配信とEコマースを組み合わせた販売手法のことです。AIセールスアシスタントは、**ライブ配信中に視聴者がチャットで質問をすると、リアルタイムで回答**してくれます。これにより、ライブ配信者の負担が減り、視聴者はよりインタラクティブに商品の情報を得ることができます。

　これらの事例は、生成AIが小売業界におけるビジネスプロセスの効率化に貢献していることを示しています。eBayのShopBotは、商品の検索から購買までのプロセスを最適化し、顧客満足度を高めています。またライブコマースにおけるAIセールスアシスタントは、ライブ配信者と視聴者のやり取りを緊密化し、効果的なプロモーションを実現しています。今後はパーソナライズ化された商品販売と効率的なビジネスオペレーションが促進されていくことでしょう。

● ネットショッピングを効率化するAIアシスタントの例

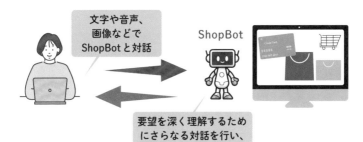

| ShopBot | 10億点を超える商品リストから顧客が最も魅力的な商品を見つけられるように支援するAIアシスタント |

文字や音声、画像などでShopBotと対話

ShopBot

要望を深く理解するためにさらなる対話を行い、要望に合った商品を提案

● ライブコマースへのAIアシスタントの活用

| ライブコマース | SNSなどでライブ配信を行い、配信者と視聴者がコミュニケーションをとりながらオンライン上で商品を購入できる販売手法 |

AIセールスアシスタント
ライブ配信中に視聴者がチャットで質問をすると、リアルタイムで回答してくれる

配信者
商品の説明や配信などに集中できる

視聴者
インタラクティブに商品の情報を得られる

効率的なビジネスオペレーションが実現

商品を吟味することができ顧客満足度が向上

| まとめ | ☐ 生成AIによる顧客サービスの向上とパーソナライズ化
☐ 販売業務のビジネスオペレーションの効率化も実現 |

Horizontal①
人事や組織運営の分野での活用

● 採用や人材管理などで業務を効率・最適化

　人事や組織運営の分野では、生成AIは組織の効率化や戦略的な人材管理などに影響を与えています。たとえば、採用プロセスの最適化、従業員のパフォーマンス評価、研修プログラムのカスタマイズなど、生成AIを多様な領域で活用できます。

　採用プロセスでは、生成AIを用いて条件に合う履歴書を選別（**スクリーニング**）したり、**適性試験の分析**を行ったりすることで、人事担当者の負担軽減と同時に、より適切な候補者の選出が可能になります。従業員のパフォーマンス評価では、生成AIがデータを分析することで、客観的かつ公平な評価が行えます。また研修プログラムでは、生成AIが従業員のスキルや学習進捗などを考慮し、**個人に合わせたカリキュラムを提案**します。これにより従業員ごとに最適化された研修が実現し、効果的なスキルアップが可能になります。

　具体的な事例として、大手転職サイトのビズリーチでは、生成AIを活用し、**企業の求人票を自動で作成する機能**を開発しました。企業は関連するキーワードを選択するだけで、生成AIが完成度の高い求人票を作成します。また、過去の求人データをもとに、効果的な求人の文章を提案し、高品質な求人票を迅速に仕上げることが可能です。これにより、企業は求人票作成の負担が大幅に軽減され、最適な人材を効率的に獲得できるようになります。

　このように生成AIを活用することで、企業は人事や組織運営の質を向上させ、従業員の満足度と生産性を高められます。また戦略的な人材管理により、企業の競争力強化にも貢献しています。

● 生成AIの人事分野での活用例

人材戦略と 方針	
	社内報 従業員に向けた通達事項の自動生成 **従業員のエンゲージメント** 潜在的な退職リスクを評価するため、業績評価やソーシャルメディアなどの情報源からレビュー **タレント分析** 離職率、採用傾向、従業員調査、パフォーマンス指標などのデータを組み込んだタレントレポートを作成

人材の獲得と 配置	
	求人募集と掲載 職務経歴書の自動作成 **履歴書の選別** 履歴書を選別し、候補者リストとサマリーを作成 **採用** 内定通知書の作成 **人材育成** 従業員のスキルと行動特性をまとめ、ギャップを見つけて、スキルアップとリスキリングの機会を特定

人材管理と 能力開発	
	新人研修 福利厚生や休暇など、新入社員向けのガイドラインを記載した研修資料を作成 **学習計画の作成** スキルや興味などに基づき、パーソナライズ化された学習計画を作成 **学習管理** 学習結果のフィードバックを評価し、教材の有効性の分析、改善のポイントなどを特定

人材関係	
	労使関係 労働規約に従い、従業員の苦情申し立てを支援する **団体交渉プロセス管理** 団体交渉の契約や協約の草案を作成 **従業員関係** 事例と調査の結果から傾向を把握し、問題があれば是正措置で対処

報酬体系と 給与計算	
	報酬管理 報酬体系に関する包括的な従業員ハンドブックの草案を作成 **従業員支援** 従業員の福利厚生加入の手続きの案内 **給与計算** 人件費を把握し、経費の予算を立て、コンプライアンスを維持するためのレポートを作成

まとめ	☐ 生成AIにより人事・採用プロセスの効率化を実現 ☐ 従業員のスキル向上や組織運営でも最適化が図れる

Horizontal②
営業分野での活用

●さまざまな顧客への最適なアプローチ方法を解析

　営業分野では、ビジネスの効率化や顧客エンゲージメントの向上などに生成AIを活用できます。具体的には、顧客データの分析や見込み客の獲得、顧客とのパーソナライズ化されたコミュニケーション、さらには営業戦略の策定などに活用可能です。

　顧客データの分析では、生成AIが**膨大な顧客情報を解析し**、営業部門では解析結果に基づき、顧客へのより効果的なアプローチ方法を検討できます。見込み客の獲得では、顧客になる可能性が高い**潜在的な層を特定し、ターゲットリストを作成**することで、営業効率が大幅に高まります。顧客とのコミュニケーションでは、生成AIが顧客の購入履歴や趣味嗜好などに基づき、顧客ごとにカスタマイズされた提案文を生成します。これにより、顧客の関心を引きつけ、より高い反応率を得ることができます。

　さらに営業戦略の策定でも、生成AIが市場や競合などを分析し、戦略を最適化します。これにより、営業部門は市場の変化に迅速に対応でき、競争優位性を確保できます。たとえば、マイクロソフトがリリースしたCopilot for Salesは、生成AIの技術を活用して営業担当者を支援します。このアプリケーションでは、**顧客に合わせたメール草案の作成、顧客と見込み客に関する購買行動の根拠や動機の獲得、推奨事項やリマインダーの作成**などを行えます。

　このように、営業分野で生成AIを活用することで業務の効率化と効果の最大化が図れるようになります。将来的には、AIによるさらなる洞察や戦略的な意思決定の支援も期待されています。

● 営業分野での生成AIの活用例

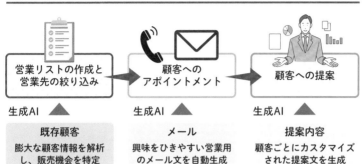

営業リストの作成と
営業先の絞り込み → 顧客への
アポイントメント → 顧客への提案

生成AI ▲

既存顧客
膨大な顧客情報を解析
し、販売機会を特定

見込み客
潜在的な層を特定し、
ターゲットリストを作成

生成AI ▲

メール
興味をひきやすい営業用
のメール文を自動生成

タイミング
反応を得られやすいタイ
ミングを分析

生成AI ▲

提案内容
顧客ごとにカスタマイズ
された提案文を生成

資料作成
ニーズに合った効果的な
プレゼン資料の作成

営業活動のあらゆる場面で
生成AIを活用可能

● 営業担当者を支援するCopilot for Salesの機能の例

Copilot for
Sales
営業部門の生産性を最大化し、より多くの取引を成立させ、
Microsoft 365 などに AI を導入するための AI アシスタント

営業会議の
要旨を Word で
作成

メールを要約し、
購入意図や
予算などの分析を
Outlookで表示

CRMシステムと
Microsoft Graph
からの関連製品な
どを含むメールを
Outlookで生成

Outlookから
見込み客を
追加し、CRM
レコードを更新

Teamsでの
通話中に会議メモと
販売分析情報を
表示

Teamsの会話
分析、営業キーワード
とKPIなどを
表示

CRMデータと
同期するルームを
Teamsに
作成

まとめ
□ 生成AIにより営業データの効果的な分析が可能
□ 顧客エンゲージメントの強化と営業戦略の最適化も実現

Horizontal③
マーケティング分野での活用

▶ 顧客データの分析だけではなく、製品開発にも生成AIが貢献

　マーケティング分野では、ユーザー体験の強化とマーケティング戦略の最適化などに生成AIが活用されています。具体的には、顧客行動のデータ分析、パーソナライズ化されたコンテンツの生成、広告キャンペーンの最適化などで効果を発揮します。

　顧客行動のデータ分析では、生成AIが顧客の行動データを解析し、販売・広告などの手法やタイミングを提案します。これにより、マーケティング部門では市場やターゲットを効果的に絞り込み、戦略を立てられます。パーソナライズ化されたコンテンツ生成では、**生成AIがユーザーの嗜好や関心に合わせた提案文や広告コンテンツを作成**することで、より高いエンゲージメントが得られるようになります。広告キャンペーンの最適化では、生成AIが市場の動向や消費者の反応などをリアルタイムに分析し、効果を最大化するための調整を行います。さらに、**生成AIで市場調査や競合分析を行うことで、戦略的なマーケティング計画の策定**も行えます。

　たとえば米スポーツメーカー大手のナイキは、画像生成AIを製品デザインに活用し、製品開発の幅を広げています。2023年4月に発表された「ナイキ エア フォース 1 × Tiffany & Co.1837」はその一例であり、画像生成AIを使うことで、**他ブランドとのコラボレーションモデルの開発期間を大幅に短縮**でき、非常に便利なツールとなる可能性を示しました。このように、生成AIはマーケティング領域においても、より効率的で効果的なアプローチを提供しており、マーケティングの新しい選択肢となっています。

● マーケティング分野での生成AIの活用例

顧客行動の データ分析	パーソナライズ化さ れたコンテンツ生成	広告キャンペーンの 最適化
顧客の行動データを解析し、販売・広告などの手法やタイミングを提案	ユーザーの趣味嗜好や関心に合わせた提案文や広告コンテンツを作成	市場の動向や消費者の反応などをリアルタイムに分析

市場やターゲットを効果的に絞り込む戦略を立案できる	顧客からより高いエンゲージメントが得られるようになる	キャンペーン効果を最大化するための調整を行うことができる

戦略的なマーケティング計画の策定 競合のマーケティング戦略やキャンペーンの分析、市場の動向や今後のトレンドなどを分析	市場や競合の変化に合わせた効果的な戦略を立てられる

● ナイキとティファニーによる生成AIを使ったコラボ

生成AIの特徴

既存の画像などを加工して新たなプロダクトを生成

開発期間の大幅な短縮が可能

画像生成AIによる多様なバリエーション

AIによる新たな開発の可能性

画像:ティファニーWebサイトより

まとめ	□ 生成AIを使えば、マーケティングデータをより深く分析可能 □ 製品の戦略策定や開発、広告などにも生成AIが貢献

Horizontal④
研究開発分野での活用

● 新たな仮説の生成や実験の設定、シミュレーションなどを促進

　研究開発に生成AIを活用することで、革新的な発見や業務効率化がもたらされています。今後はデータ分析、仮説生成、実験設計、シミュレーションなどで重要な役割を担っていくと想定されます。

　たとえば2023年10月、GMOインターネットグループと東京大学医科学研究所の癌防御シグナル分野では、「生成AIを活用した人間の老化細胞の特定と臨床応用に関する共同研究」を開始しました。この研究では、生成AI技術を用いて、**細胞内の遺伝子発現量**（遺伝情報に基づいてタンパク質が合成される量）に関するデータを解析し、すでにマウスで成功している「**老化細胞の選択的除去**」を人間に応用して、人間の老化細胞を取り除くことを目指しています。これは、人間の「健康寿命」を延ばす、医学における重要なブレイクスルーとなり得るものです。このような事例は、研究開発における生成AI活用の可能性が多様にあることを示しています。

　データ分析では、生成AIが多くの研究データを解析することで、新たな発見や仮説構築のための基盤を提供します。また仮説生成、実験設計、シミュレーションにおいても、生成AIを使えば**実験に必要な条件やシナリオを高速でシミュレーション**でき、最適化された状態で実験を行ったり結果を予測したりすることができます。

　このように生成AIは、研究開発のプロセスを加速し、従来では不可能だった発見の可能性を広げています。また、生成AIによるアプローチは研究のコスト削減や効率化にも寄与し、研究開発の新たな枠組みも提供しています。

● 研究開発分野での生成AIの活用と効果の例

生成AIの活用例	生成AI活用による効果の例

 データ分析

 新たな発見と洞察

 仮説の生成

 研究プロセスの加速

 実験の設計

 最適な条件での実験や実験結果の予測

 シミュレーション

 研究開発コストの削減や効率化

● 生成AIを用いた産学の共同研究の例

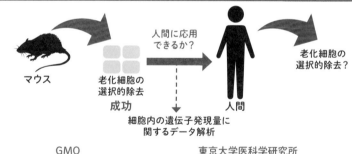

まとめ
□ 生成AIにより研究データの高度な分析や仮説の生成を実現
□ 生成AIを活用することで、実験やシミュレーションが効率化

Horizontal⑤
法務分野での活用

▶ 法的文書の作成から質問への対応まで、サービスの質が向上

　法務分野では、生成AIは法的文書の処理、契約管理、訴訟支援などのプロセスを効率化し、法律専門家の業務を変革しています。

　法的文書の処理では、生成AIを用いることで、文書の自動生成や編集が可能になり、時間を要する作業を短縮化できます。契約管理においても、**契約書の作成やレビュー、管理が自動化**され、契約プロセスの効率化とリスク低減が実現します。また訴訟支援では、関連する法律文書や判例を迅速に検索できます。

　さらに生成AIは、法律相談や顧客サポートなどでも重要な役割を果たしています。たとえば、**生成AIが法律の質問に自動で回答する**ことで、初期相談の効率化を図ることができます。これにより、顧客にとっては迅速なサービスを受けることにつながります。たとえば弁護士ドットコムでは、ユーザーが入力した質問を生成AIが解析し、最適な回答を返しています。必要に応じて弁護士も回答することで、ユーザーの状況に合わせた適切なサービスを提供できます。**24時間365日利用可能**なこのサービスは、法律の問題に直面した人が即時かつ容易にアクセス可能であり、サービスのアクセシビリティを大きく向上させています。

　法務分野における生成AIの活用は、効率性だけではなく、サービスの質の向上にも寄与しています。将来的には生成AIによる法的分析や判断がさらに進化し、法務プロセスを変革することが期待されています。

● 法律分野での生成AIの主な活用例

契約書の作成・レビュー	リーガルリサーチのメモ作成	証言準備
契約分析	ナレッジ管理	バックオフィス機能
法律調査	要約書とメモ作成	質問応答サービス

● 弁護士ドットコムのAIチャットサービスの例

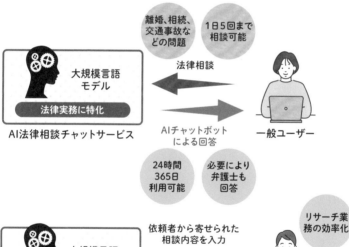

離婚、相続、交通事故などの問題

1日5回まで相談可能

大規模言語モデル

法律実務に特化

AI法律相談チャットサービス

法律相談

AIチャットボットによる回答

一般ユーザー

24時間365日利用可能

必要により弁護士も回答

リサーチ業務の効率化

大規模言語モデル

法律実務に特化

弁護士向けリサーチ支援サービス

依頼者から寄せられた相談内容を入力

参考書籍や過去の判例などを提示

弁護士

まとめ	☐ 生成AIにより法的文書作成や契約プロセスの効率化を実現
	☐ 法律サービスの自動対応によりアクセシビリティを向上

RAGの限界と情報整理の重要性

　最近、RAG（Retrieval-Augmented Generation）というAI技術がよく話題に上がります。RAGとは、大量のデータベースから必要な情報を検索して取得し、プロンプトに組み込んで文章を生成する手法のことです。これにより、信頼性の高い情報をもとにした生成が可能になりますが、RAGにはいくつかの問題点があり、特に検索性能の面での課題が指摘されています。

　たとえば、「りんごのおいしい食べ方」と「りんごの栄養素」では、検索すべき情報が全く異なります。しかし、文脈によって適切な情報を取得することが難しいのです。多くのスタートアップや研究者が検索性能の向上に力を注いでいますが、本質的な解決策にならないかもしれません。

　1つのアプリケーションですべてを実現しようとすること自体に無理があるとも考えられます。生成AIを導入する際は、業務内容と必要な情報をていねいに紐づけ、個別に設計していくことが重要でしょう。具体的には、営業部門には営業のノウハウ、経理部門には経理のノウハウというように、業務ごとに専用のデータベースを構築するのが有効です。そうすることで、それぞれの文脈に合った適切な情報を素早く取得できるようになります。また、組織内の知見を共有し、継承していくことも可能になります。

　生成AIの活用は、技術の進歩だけではなく、情報の整理と設計が鍵を握っています。データベースにより人間の知識やノウハウと生成AIの性能を融合させることが、これからのビジネスに求められていくでしょう。

Part

3

生成AIビジネスを３つのレイヤーで捉える

生成AIで先行する
国・企業の戦略

生成AIによって形成される
3つのビジネスレイヤー

● 基盤の開発・カスタマイズ・活用の3つのAIビジネス

　生成AIは現代のビジネスの根幹になりつつあり、新たなビジネスレイヤーを形成しています。このレイヤーは主に❶「**基盤開発**」、❷「**基盤カスタマイズ**」、❸「**基盤活用**」の3つの要素で構成され、さまざまな側面でビジネスに影響を与えています。

　まず基盤開発では、生成AIの**大規模な基盤モデルを開発**します。これらのモデルは膨大なデータセットで学習され、文章、画像、音声などの幅広い分野に柔軟に適応できます。これがさまざまなビジネスアプリケーションの基礎になり、企業は独自のニーズに合わせ、生成AIソリューションを開発する基盤が得られます。

　基盤カスタマイズでは、特定の業界や企業のニーズにより、**生成AIの基盤モデルを調整**します。その結果、各業界や企業の課題解決に効果的に対応でき、ビジネスプロセスが最適化されます。

　さらに基盤活用では、生成AIが具体的なビジネスプロセスや製品などに組み込まれ、**実際のビジネスで価値創造**を行います。カスタマーサポートやマーケティング、製品開発など、さまざまな分野で応用が進んでおり、企業はこれらの技術を利用し、より効率的で効果的なビジネスを展開しています。

　生成AIのビジネスレイヤーは、企業の競争力を高める重要な資源であり、ビジネスチャンスを創出します。このレイヤーは、生成AI技術の発展とともに拡大し、企業が対応すべき新しい課題と機会を生み出します。企業はAI技術により、課題を解決し、機会を生かしながら、価値創造につながる戦略を打ち出していく必要があります。

▶ 生成AIの3つのビジネスレイヤー

レイヤー❶
基盤開発

膨大なデータセットでの学習により、生成AIの大規模な基盤モデルを開発

レイヤー❷
基盤カスタマイズ

特定の業界や企業のニーズに合わせ、生成AIの基盤モデルを調整

レイヤー❸
基盤活用

生成AIのモデルを具体的なビジネスプロセスや製品などに組み込む

企業が独自のニーズに合わせてAIソリューションを開発する基盤になる	基盤モデルをもとに、業界や企業に合わせて調整した生成AIのモデルを提供	カスタマーサポートやマーケティング、製品開発など、さまざまな分野への応用
文章、画像、音声などの幅広い分野に柔軟に適応	各業界や企業の課題解決に効果的に対応でき、ビジネスプロセスが最適化	企業が生成AIのモデルを利用し、より効率的で効果的なビジネスを展開
ビジネスプロセスの最適化	**新しいビジネスモデルの創出**	**企業の競争力の強化**

▶ 各レイヤーの主なビジネスの例

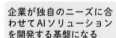

	主な企業	主なビジネス	
レイヤー❸ 基盤活用	多数のスタートアップ（玉石混交）	企業向けの導入支援やDX促進	自社サービスに対話型AIを導入 など
レイヤー❷ 基盤カスタマイズ		オープンソースの生成AIのファインチューニング	生成AIが参照するデータベース提供/インテグレーション など
レイヤー❶ 基盤開発	OpenAI Google Anthropic　など	API提供	個人/法人向けの有料プラン など

　まとめ

☐ 基盤の開発・カスタマイズ・活用でビジネスレイヤーを形成
☐ 各レイヤーで競争力の強化とビジネスチャンスの創出が必要

オープンソースとクローズドに
分かれる基盤開発

● モデルの提供方法を戦略的に検討する

　基盤開発は「**オープンソースモデル**」と「**クローズドモデル**」の2つに大きく分けられます。オープンソースモデルでは「LLaMA系モデル」、クローズドモデルでは「GPT系モデル」が代表的です。LLaMAは、米Metaが開発したオープンソースの大規模言語モデルです。これらの間には、異なる戦略とアプローチがあります。

　まずオープンソースモデルは、企業や組織、コミュニティなどで広く利用可能で、**共同で開発や改良**が行えます。一方、クローズドモデルは、**特定の企業が独自に開発**し、その知見やデータを独占できます。この違いは、アクセシビリティとカスタマイズに影響を及ぼし、それぞれのビジネスに反映されます。

　基盤開発では、**計算資源の確保が必要**です。大規模なデータセットの処理とモデルの学習には、処理を行うコンピューターや処理時間などの膨大な計算資源が不可欠であり、この資源を確保することが競争力の源泉になります。

　そしてモデルの提供では、**オープンソースソフトウェア（OSS）として公開する**か、**自社製品へ組み込む**かを選択します。OSSとしての公開は、広範なアプリケーション開発とイノベーション促進につながりやすくなります。一方、自社製品への組み込みは、特定のニーズに対応する製品やサービスを開発するのに役立ちます。

　このように、生成AIの基盤開発では、オープンソースとクローズドのどちらの方針でモデルを開発するかを戦略的に検討し、十分な計算資源を確保することが求められます。

● オープンソースとクローズドの特徴

オープンソースモデル

企業や組織、コミュニティなどで
広く利用可能で、共同で
開発や改良が行える

主なモデル

LLaMA

Metaが開発した大規模言語モデル

Stable Diffusion

Stability AIが開発した画像生成モデル

Fuyu-8B

AdeptAIが開発した大規模言語モデル

EleutherAI

EleutherAIが開発した文章生成モデル

クローズドモデル

特定の企業が独自に開発し、
その知見やデータを
独占できる

主なモデル

GPT

OpenAIが開発した大規模言語モデル

ブルームバーグGPT

金融に特化した大規模言語モデル（P.34）

Claude

Anthropicが開発したAIモデル

Inflection

Inflection AIが開発した大規模言語モデル

メリット

カスタマイズしやすい

学習と導入のコストが
比較的かからない

コミュニティや開発者が
品質を維持する

メリット

パフォーマンスが高い

容易に利用できる

技術やスキルがなくても
利用しやすい

まとめ	☐ 基盤開発ではオープンソースとクローズドに大きく分かれる ☐ モデルの提供方法を戦略的に検討し、計算資源を確保する

基盤開発企業①
基盤開発の最大手OpenAI

● OpenAIとマイクロソフトの連携による生成AIの進展

　基盤開発の最も代表的な組織は、米国の非営利研究機関である**OpenAI**です。OpenAIは米マイクロソフトとパートナーシップを組むことで、生成AI分野における革新を加速させています。マイクロソフトはOpenAIに49％の出資を行い、クラウドサービス「Microsoft Azure」を通じてOpenAIの研究や製品開発、サービス開発などを支援しています。

　このパートナーシップにより、生成AIサービス「**Azure OpenAI Service**」が誕生しました。これは、OpenAIの生成AIモデルをMicrosoft Azure上で利用できるサービスです。ID認証やフィルタリングなどによりセキュリティ性と信頼性が高められており、より安全かつ手軽に、生成AIを用いた製品やサービスを開発できます。このサービスは、生成AIをさまざまな用途に最適化でき、企業が生成AIを活用するための基盤を提供しています。

　またマイクロソフトが提供する生成AIを用いた機能は「**Microsoft Copilot**」というブランドに統一されました。大規模言語モデルと組織のデータを統合し、WordやExcel、Outlook、TeamsなどのMicrosoft 365アプリと連携して使えます。Copilotは、知的生産活動をリアルタイムに支援し、組織内のチームやメンバーなどの生産性と業務効率を向上させるツールに改良されています。

　このように、OpenAIとマイクロソフトの連携は、生成AIの基盤開発において重要な役割を担っており、新しいビジネスモデルを創出し、市場へと展開しやすい環境をつくり出しています。

● マイクロソフトの主なAIブレイクスルー

2016年9月
会話型音声認識において人間と同等レベルを達成

2018年1月
読解力において人間と同等レベルを達成

2018年3月
機械翻訳において人間と同等レベルを達成

2020年2月
170億パラメータの
Turing-NLG言語モデルを発表

2020年5月
OpenAIとの協業で同団体専用に構築された初のAIスーパーコンピューターを発表

2019年6月
ニューラル機械翻訳研究をAzureに統合し、一般言語理解において人間と同等レベルを達成

2020年9月
OpenAIと提携し、GPT-3モデルの独占ライセンスを取得

2019年7月
AI開発を加速するため、OpenAIとの独占的パートナーシップを発表

2020年10月
Azureなどで利用可能な画像キャプションのAIブレイクスルーを発表

2022年5月
Azure OpenAI Serviceへのアクセス拡大とモデル数の増加、新たに責任あるAIシステムを導入

2022年6月
GitHub Copilotの一般提供開始

2021年5月
GPT-3モデルを利用した初の製品機能を発表

2021年6月
GitHubがOpenAI Codexモデルを活用し、開発者を支援するAIペアプログラマCopilotの提供を開始

2022年10月
Azure OpenAI ServiceのDALL・E2、Designerアプリ、Bing、Image Creatorを発表

2021年11月
Azure OpenAI Serviceを発表

2023年1月
Azure OpenAI Serviceの一般提供開始を発表（ChatGPTは追って提供）

出典：日本マイクロソフト株式会社「Azure OpenAI Serviceの一般提供開始 大規模かつ高度なAIモデルへのアクセスを拡大し、企業に付加価値を提供」（2023年1月23日）をもとに作成

まとめ
□ OpenAIとマイクロソフトの連携によるAI技術の発展
□ Azure OpenAI ServiceとMicrosoft Copilotの市場投入

基盤開発企業②
サービスの統合を進めるGoogle

● 生成AIによりGoogleサービスを強化

　基盤開発では、米**Google**も重要な役割を果たしています。同社は、自社の強力な機械学習モデルとクラウドサービス「Google Cloud」の統合により、企業や研究者が生成AIを活用するための基盤を提供しています。この統合により、生成AI技術に容易にアクセスできるようになり、幅広い分野への応用が可能になりました。

　Googleの生成AIは、大量の文章で学習した大規模言語モデル「**PaLM 2**」を基盤モデルとして利用していました。しかし、同社は最近、画像や動画、音声などを活用して開発した大規模言語モデル「**Gemini**」に順次切り替えています。Geminiはより複雑なデータセットにより、**生成AIの機能を拡張することを目的**としています。

　またGoogleは、「**Bard**」という新しい生成AIサービスを展開しています。Bardは、ユーザーの問い合わせ（クエリ）に対して、リアルタイムで最適な回答を生成し、生成AI技術を日常生活で使えるようにする新しい試みです。Bardは2024年2月、サービス名を統一する目的で、「Gemini」に名称が変更されました。

　またGoogleアプリに搭載され、Googleドキュメント上で画像のイメージを指示すると、適切な画像を生成するなどの機能があった「Duet AI」も「Gemini」に統合されています。

　これらの取り組みは、Googleサービスの機能を向上させるとともに、「Google Cloud Platform」のエコシステムの充実にもつなげています。ユーザー企業にとっては、生成AI技術とプラットフォームを使うことで、自社のビジネスモデルを進化させることができます。

● GoogleとOpenAIの生成AIの比較

Google

OpenAI

大規模言語モデル

Gemini

画像や動画、音声などを活用して開発した
Googleの大規模言語モデル

主な特徴

- 文章はもちろん、画像や動画、音声の入出力も行える（マルチモーダルモデル）

- 複雑な文字や画像、動画、音声などを認識できる高い推論能力

- プログラミング言語によるコードの説明や理解、生成ができる

- Nano（一般的なデバイスで実行できる効率化モデル）、Pro（高パフォーマンスのバランスモデル）、Ultra（最高パフォーマンスのモデル）の3種類がある

大規模言語モデル

GPT-4

ChatGPT Plusに採用されている
GPT-3.5の上位版の大規模言語モデル

主な特徴

- 文章はもちろん、画像や音声などでも入力できる（出力は文字のみ）

- 出力精度が向上し、より正確に出力できるとともに、複数の指示にも対応可能

- 処理能力が向上し、要約、翻訳、コード作成などさまざまなタスクに使用可能

- 文字数制限がGPT-3.5の約2倍以上

- リクエスト数がGPT-3.5の約10倍以上

- 高度な拡張機能を使用可能

生成AI

Gemini

ユーザーのクエリにリアルタイムで回答を
生成する、Geminiを採用した生成AI

主な特徴

- 対話型のAIサービス

- Google検索やGoogleドキュメント、GmailなどGoogleアプリと連携可能

- インターネットを介した最新の情報から高精度な回答を得られる

- メール文やビジネス文書、プログラムコードなどクリエイティブなコンテンツも生成可能

- 位置情報を把握した回答や、複雑な質問への回答にも対応可能

生成AI

ChatGPT Plus

ChatGPTの上位版で、GPT-4を採用した
有償の生成AI

主な特徴

- 対話型のAIサービス

- GPT-4の採用による文脈を理解した自然な文章での高精度な文章生成が可能

- インターネットを介した最新の情報から高精度な回答を得られる

- 無償のChatGPTより接続が安定しており、応答速度が速く、素早い対応が可能

- 拡張機能を追加することで、柔軟にカスタマイズして使うことが可能

まとめ	□ Googleは機械学習モデルとGoogle Cloudを統合
	□ Geminiにより生成AIを消費者向け市場に展開

基盤開発企業③
MetaとAmazonの独自の戦略

❿Metaのオープンソースモデルと AmazonのAI企業への投資

　米Metaと米Amazonは基盤開発において、それぞれ独自のアプローチをとっています。特に生成AI技術の革新と、新たな応用分野の開拓で、生成AIの発展に大きく貢献しています。

　Metaは、大規模言語モデル「LLaMA」を用いた**オープンソースモデルの戦略**（P.56参照）が特徴的です。LLaMAは言語処理を中心に多様なAIに採用され、Metaはこの技術を活用し、より自然で人間らしいやり取りを可能にする製品を開発しています。また同社は、自社のソーシャルメディアプラットフォームにおいて、生成AIを用いた新しいユーザー体験の創出にも注力しています。具体的には、生成AIを活用した新しい対話型アシスタントである「**Meta AI**」をInstagramやMessengerなどに搭載することで、ユーザーはMeta AIと**対話しながら画像生成や動画編集などができる**ようになります。

　一方、Amazonは、**米生成AIのスタートアップであるAnthropicへの投資**により、生成AI技術の発展を促進させています。同社は、クラウドコンピューティングやデータ処理の分野における豊富な経験を生かし、生成AIの基盤開発に注力しています。また同社は、自社の製品やサービスにも生成AIを積極的に活用し、ユーザー体験の向上やビジネスプロセスの効率化を目指しています。

　これらの企業の後押しによる生成AI技術の発展は、産業全体における生成AIの応用範囲を拡大し、ビジネスモデルや市場機会の創出に寄与しています。MetaとAmazonは、生成AIの基盤開発における革新的な取り組みにより、社会へ影響を及ぼしています。

● Metaの「LLaMA」と「Emu」による画像生成

●大規模言語モデル「LLaMA」と画像生成モデル「Emu」で生成される画像

画像：MetaのWebサイトより

> Metaの大規模言語モデル「LLaMA」と、画像生成モデル「Emu」を使うと、文字で指示を与えることで、ユニークなスタンプを数秒で生成し、チャットなどで使うことができる

● AmazonとAnthropicの戦略的提携

最大40億ドルの投資

Amazon → Anthropic

基盤モデルの開発をサポート

生成AIの基盤モデルの開発を推進

Anthropicの主な取り組み

大規模言語モデル「Claude 3」の提供	自然言語処理の研究	「Constitutional AI」で出力結果を精査
APIにより基盤モデルを利用可能にするサービス「Amazon Bedrock」により大規模言語モデル「Claude 3」を提供	自然言語処理のニューラルネットワーク「トランスフォーマー」による機械学習システム「Interpretability research」の研究を発表	独自の学習システムである「Constitutional AI（憲法AI）」で出力を精査し、違法・有害・非倫理的な結果を導き出すことを回避

まとめ	☐ Metaはオープンソースモデルの戦略で生成AIを応用 ☐ AmazonのAI企業への投資と、生成AIのビジネスへの応用

基盤開発企業④
SBGとNTTの大規模言語モデル開発

● SBGやNTTも独自の大規模言語モデルを開発

　米国のテクノロジー企業に出遅れた日本においても、生成AIの基盤開発に注力する企業が増えています。特にソフトバンクグループ（SBG）やNTTグループなどは、生成AI技術の開発と応用において注目すべき動きをみせています。

　SBGの連結子会社であるソフトバンクは、200億円を投じて**スーパーコンピューターを整備し、大規模言語モデルの開発**を進めています。同社は2024年内に、パラメーター数3,500億の大規模言語モデルを構築し、企業などへの提供を計画しています。これはGPT-3の2倍の性能に相当し、日本語への対応能力が極めて高い技術となることが期待されます。SBGの孫正義代表取締役は、携帯電話事業やLINE、スマホ決済といったグループの各事業でAIの活用を強化し、特に生成AIの導入による業務効率化やサービス強化を進める方針です。また、SBG傘下の半導体開発企業であるArmをグループの中核に位置付け、AI向けの半導体製造を拡大しています。

　また日本電信電話（NTT）は、**大規模言語モデル「tsuzumi」を開発し、学習や推論のコストを大幅に削減**しています。tsuzumiは軽量版の大規模言語モデルであり、医療や金融などの業界に特化したサービスの提供を2024年3月から開始する予定です。

　これら日本企業による生成AIの基盤開発は、国内外での技術革新を促進し、ビジネスモデルや市場機会を創出しています。SBGやNTTは、生成AI技術の進展において、日本から世界へ影響を与えている重要なプレイヤーです。

ソフトバンクグループの生成AI開発の取り組み

ソフトバンク
グループ
→ 生成AI開発向けの計算基盤の稼働

ソフトバンクグループの主な取り組み

スーパーコンピューターの整備	日本語に特化した大規模言語モデルの開発	子会社のSB Intuitionsでの計算基盤の活用
200億円を投じ、NVIDIA Tensor コア GPU を 2,000 基以上搭載したAIスーパーコンピューターなどで構成された国内最大級の計算基盤を構築。2023年度中に設備導入と構築を完了させる	日本語に特化した大規模言語モデルの開発を本格的に開始。スーパーコンピューターにより、2024年内に3,500億パラメータ（GPT-3の2倍）のモデル構築を目指す	子会社のSB Intuitionsを立ち上げ、スーパーコンピューターを活用した国内最大級の計算基盤を段階的に利用しながら、2023年度中に投資と構築を完了させ、早期に大学や研究機関、企業などに提供

日本の文化やビジネスの慣習などに最適な大規模言語モデルを開発

あらゆる産業の生成AIソリューション導入をサポートし、社会実装を実現

NTTグループの大規模言語モデルの商用開始

NTT グループ
→ 軽量・柔軟な大規模言語モデル「tsuzumi」の商用サービスの開始

tsuzumi の特長

軽量な大規模言語モデル	日本語に特化したモデル	柔軟なチューニング	マルチモーダルへの対応
パラメータが6億の超軽量版と70億の軽量版を開発。高速の推論が可能であり、推論やチューニングのコストを抑えることが可能	日本語と英語に対応し、特に日本語処理で高い性能を備えている。生成AI向けのベンチマークではGPT-3.5を上回ることが確認されている	効率的に知識を学習でき、業界に特有の言語表現や知識などに対応するチューニングを少ない学習量で実現可能	グラフィカルな表示や音声のニュアンス、顔の表情などを理解し、現実世界で人との協業を可能とするマルチモーダルへの対応を予定

まとめ
☐ SBGはスーパーコンピューターで大規模言語モデルを開発
☐ NTTは軽量版の大規模言語モデルを開発し、医療や金融へ提供

特定の目的や要件に合わせて調整する
基盤カスタマイズ

◉生成AIのカスタマイズによりビジネスプロセスが効率化

　基盤カスタマイズは、生成AIを特定の業界や企業、ビジネスのニーズに合わせるために重要です。この分野の主要プレイヤーは、**ファインチューニング**（P.22参照）や**Vector**データベース（**DB**）などの技術で、生成AIを特定の目的や要件に合わせて調整しています。

　ファインチューニングは、**生成AIのモデル自体を、特定のデータセットや業界特有の要件などに合わせて再学習させる手法**です。これにより、生成AIは特定の業界の用語や文脈などをより正確に理解できるようになり、適応性能が高まります。この技術は、医療や法律、金融などの専門的な分野への応用に有効です。たとえば米Googleは、さまざまな医療データセットから精選した医療知識によりファインチューニングを行った生成AIモデル「Med-PaLM2」を開発しました。Med-PaLM2は、米国医師国家試験の問題の85％に正答し、初期バージョンより精度が約20％も向上しています。

　またVector DBは、データベース技術とAIを組み合わせ、**大量のデータから関連性の高い情報を素早く抽出する**のに役立ちます。これはマーケティングや製品開発など、データをもとにした意思決定が重要な分野で活用されます。たとえば米Oracleは、リレーショナルDB管理システムに、AIを活用したセマンティック検索（意味や意図を理解した検索）機能を追加することを発表しました。

　基盤カスタマイズにより、生成AIを特定の目的や要件に合わせて最適化することで、ビジネスプロセスがより効率化され、新たな価値を生み出しやすくなります。

● ファインチューニングの再学習のイメージ

| ファインチューニング | 生成AIのモデル自体を、特定のデータセットや業界特有の要件などに合わせて再学習させる手法 |

既存のモデル　　　　　　　　　　ファインチューニング後のモデル

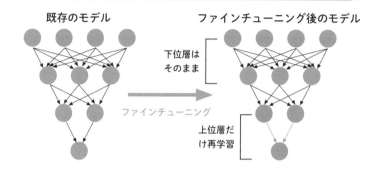

下位層はそのまま

ファインチューニング

上位層だけ再学習

● Vector DBを活用した回答性能の向上（RAG）

| Vector DB | データベース技術とAIを組み合わせ、大量のデータから関連性の高い情報を素早く抽出する手法 |

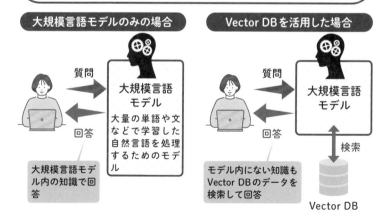

大規模言語モデルのみの場合

質問

大規模言語モデル

大量の単語や文などで学習した自然言語を処理するためのモデル

回答

大規模言語モデル内の知識で回答

Vector DBを活用した場合

質問

大規模言語モデル

回答

検索

モデル内にない知識もVector DBのデータを検索して回答

Vector DB

| まとめ | ☐ ファインチューニングにより特定のニーズに対応させる
☐ データの参照で知識の保管や挙動の制御が可能 |

プロンプトとインテグレーション
が重要となる基盤活用

◉生成AI技術を業務に組み込み、適切に活用する

　基盤活用では、生成AI技術をビジネスで活用するうえで「**プロンプト**」と「**インテグレーション**」が重要になります。

　プロンプトは、**生成AIに特定のタスクを実行させるための指示や質問**です。プロンプトを最適化することで、生成AIは特定の目的に合ったタスクの実行や情報の提供などが可能になります。たとえばカスタマーサービスにおいて、生成AIはプロンプトにより、顧客の問い合わせに対する適切な回答を生成できます。ほかにも、プロンプトの強調や制約条件を活用することも効果的です。たとえば、「**ポジティブプロンプト**」では生成に含めてほしい要素を指定し、「**ネガティブプロンプト**」では含めてほしくない要素を指定することで、求める結果に近い内容が生成される可能性が高まります。

　一方、インテグレーションは、**生成AI技術を既存のシステムやプロセスに組み込む**ことで、業務の効率化や自動化を図る手法です。これにより、企業は自身のビジネスプロセスを最適化し、価値創造に注力できるようになります。基盤活用では、大手ITコンサルティングファームがAIインテグレーターとして重要な役割を果たしています。たとえば、アイルランドのアクセンチュアや米IBMなどは、クライアント企業への生成AI導入を支援し、ビジネスプロセスの効率化や自動化を促進しています。

　生成AIのインテグレーションは、新技術の導入以上の意味をもちます。つまり、企業のビジネスモデルや組織文化などを変革し、新しい価値創造の可能性を広げることができるのです。

● プロンプトにより適切な生成結果を得る

> プロンプト　生成AIに特定のタスクを実行させるための指示や質問

あなたは医療機器の専門知識をもった一流のセールスパーソンです。次回の接触戦略を立ててください。	指示
ターゲット：30〜40代の医療従事者 条件：・次回訪問日は前回訪問日から1週間以上空ける 　　　・接触方法は"訪問""電話""メール"のいずれか 　　　・200字程度	条件
補足：・前回の訪問日時を踏まえて次回の訪問日を考える 　　　・次回の訪問の名目と、話すべき内容を戦略的に考える 　　　・顧客の特徴を踏まえ、訪問時の注意点を考える	参考情報

コンテキストの指定	要求を具体的に記述	出力の形式や制約を指定
AIに与える指示の背景やAIの置かれた立場などを指定。たとえば「あなたがSEO戦略のリーダーです」という文脈を与えることで、適切な生成結果を得られる	求めることを具体的に記述。たとえば「半導体の先端技術を教えてください」など、具体的かつ明確に表現することで、AIが適切な情報を返せる	回答や形式、条件なども指定できる。たとえば「300字で要約」や「小学生にもわかる言葉で」といった指定を加えることで、適切な操作や結果を提供できる

● インテグレーションにより業務を効率化・自動化

> インテグレーション　生成AI技術を既存のシステムやプロセスに組み込むことで、業務の効率化や自動化を図る手法

アクセンチュアの事例

スイッチボードによるカスタマイズ

企業が生成AIをカスタマイズし、その価値を向上させるサービスを発表。独自の「スイッチボード」により、企業は運用コスト、回答精度やビジネスニーズを踏まえ、最適なAIモデルに柔軟に切り替えが可能

IBMの事例

マイクロソフトと協業

マイクロソフトとの協業で、企業のAzure OpenAI Serviceの実装と適用拡大を加速させていく。新たに提供する「IBM Consulting Azure OpenAI Service」で、企業の生成AIの導入戦略と活用事例の策定を支援

まとめ	☐ 生成AIへの最適なプロンプトで情報収集や問題解決を実現 ☐ インテグレーションにより業務の効率化と自動化を図る

生成AIに関する
国別の取り組みと動向

▶ 社会的・経済的な背景により異なる各国の規制や支援

　生成AIの発展は、世界各国にさまざまな影響を及ぼし、各国は独自のアプローチをとっています。まず米国では、特に民間企業によるイノベーションが活発で、**ビッグテック企業が中心となって新しい技術を開発**しています。米国政府はガイドライン（P.118参照）により、一定の方針を示しつつ、企業の自由度を維持しています。一方、日本は、生成AIの基盤開発などにおいて米国に後れをとっており、日本政府は米AI半導体大手のNVIDIAなどへの投資や誘致を含む**官民一体型の戦略**で巻き返しを図っています。

　中国は国家レベルでの支援が顕著で、**AI技術の開発と応用を積極的に進めています**。特に、2023年世界人工知能大会（WAIC2023）では、AIの概念や用語の定義、フレームワークの標準化、データの共有化などを目指す国家標準の策定を検討しており、技術獲得への強い意向を示しています。

　EUでは、**AI技術に関する包括的な規制が確立**し、特に**生成AIには透明性の義務**が課されています。ChatGPTのような生成AIには、生成AIによって作成された内容であることの明示や、関連する著作物のデータの開示を義務付けていますが、個人の私的利用に関しては規制の対象外としています。

　このように、各国は生成AIに対する規制や支援において、異なるアプローチをとっており、それぞれの社会的・経済的背景に基づき独自の戦略を展開しています。今後、国際的な動向や技術の発展に応じて、これらのアプローチは変化していく可能性があります。

● 生成AIに関する主要国・地域の動向

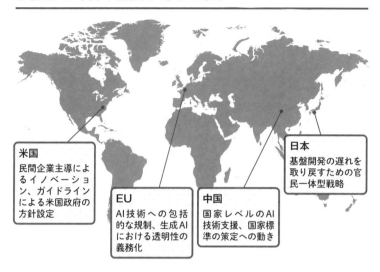

米国
民間企業主導によるイノベーション、ガイドラインによる米国政府の方針設定

EU
AI技術への包括的な規制、生成AIにおける透明性の義務化

中国
国家レベルのAI技術支援、国家標準の策定への動き

日本
基盤開発の遅れを取り戻すための官民一体型戦略

● 代表的な国・地域の主な支援や規制

米国の主なガイドライン (2023年7月)

安全性
AIシステムを公開する前にバイアスなどに関わるテストを実施し、リスク管理に関する情報を産業界や政府、学会などと共有する

セキュリティ
サイバーセキュリティ対策やAI開発に関わる知的財産の保護などを行う

信頼性
コンテンツがAIによって生成されたことを利用者が認識できるよう、電子透かしなどのしくみを開発する　など

中国の動向 (2023年10月)

生成AI市場の成長
ビッグテック企業やベンチャー企業、大学・研究機関などが参入し、医療や金融、教育などで実装が進む

政府の支援
WAIC2023でAIの概念や用語の定義、システムのフレームワーク標準化、データの共有化などを目的とした国家標準策定の検討開始

AIの規制
違法や差別的コンテンツの防止や権利義務の明確化などを定めた「生成AIサービス管理暫定弁法」を発表

EU域内で適用されるAI法案の例 (2023年12月)

禁止対象
個人の行動操作、ソーシャルスコアリングの運用、年齢・障がいなどによる個人の脆弱性の搾取　など

厳しい要件や評価の義務
リスク軽減システム、データガバナンス、ログ管理、詳細な技術文書　利用者への十分な情報提供　など

透明性のみの義務
チャットボットやディープフェイクを使用したサービスを提供する場合はAI生成コンテンツであるラベル付けをする　など

まとめ

☐ 世界各国において生成AIに関する法整備が進展
☐ 米国は民間主導、中国は国家が支援、EUは規制を確立

ビッグテック企業と
スタートアップの連携

●ビッグテック企業がスタートアップを抱え込む戦略

　大規模言語モデル（LLM）の基盤開発を推進する**スタートアップ
は、ビッグテック企業とのかかわりが強い**ことが特徴です。AI関連
で、ユニコーン（時価総額10億ドル以上で未上場の企業）上位10社
のうち5社をLLM開発企業が占め、米マイクロソフトによる米
OpenAIへの出資など、ビッグテック企業の出資が相次いでいます。

　米Amazonが出資する米**Anthropic**（P.62参照）は、OpenAIの
ライバル社として知られ、ダリオ・アモデイ氏らにより設立されまし
た。AnthropicのLLM「Claude 2」は、GPT-4に匹敵する性能をも
ち、日本語にも対応しています。Anthropicは、安全性研究のモデル
への統合にも注力し、倫理性を重視しています。

　カナダの**Cohere**は、企業向けに特化したLLMを開発し、自社
データに基づくモデル調整を可能にしています。創業者は、LLMの
基礎を築いたトランスフォーマー（P.63参照）の研究者で、米
Salesforceや米NVIDIAからの出資を受けています。米**Inflection
AI**は、自然言語でコンピューターを操作することを目指し、米
LinkedInの創業者として知られるリード・ホフマン氏らによって設
立され、マイクロソフトなどが出資しています。オープンソースで
LLMを開発する米**MosaicML**は、米データ分析サービス大手の
Databricksに買収されました。イスラエルの**AI21 Labs**はLLM開
発のパイオニアであり、同社のLLMは洗練された文章を生成できる
ことが特徴です。これらの企業は、LLM技術の応用で重要な役割を
果たしており、今後も市場に影響を与えていくことが期待されます。

● ビッグテック企業による**LLM開発企業の争奪戦**

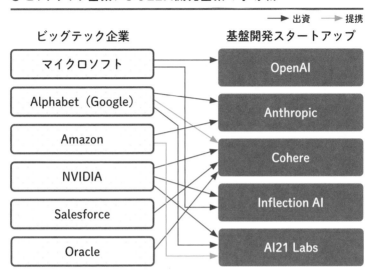

ビッグテック企業 → 出資 ⟶ 提携

基盤開発スタートアップ

- マイクロソフト
- Alphabet（Google）
- Amazon
- NVIDIA
- Salesforce
- Oracle

- OpenAI
- Anthropic
- Cohere
- Inflection AI
- AI21 Labs

● 主なスタートアップの特徴

 Cohere

- 拠点：カナダ・トロント
- NVIDIA、Salesforce、Oracle が出資
- Google と提携
- 調達資金：約2.7億ドル
- 主なLLM：Command

自然言語処理のスタートアップ。企業向けに特化したLLMを開発し、チャットやテキスト生成などの機能をアプリケーションに組み込むことができる

 Inflection AI

- 拠点：米カリフォルニア
- マイクロソフト、NVIDIAが出資
- 調達資金：約13億ドル
- 主なLLM：Inflection

自然言語でコンピューターを操作することを目指して設立。最初の製品として、パーソナルインテリジェンスを搭載したチャットボット「Pi」のリリースにより、市場に大きな影響を及ぼしている

 AI21 Labs

- 拠点：イスラエル・テルアビブ
- Google、NVIDIAが出資
- Amazon と提携
- 調達資金：約3.1億ドル
- 主なLLM：Jurassic

自然言語処理のスタートアップ。ビジネスアプリケーションを構築する開発者向けプラットフォーム「AI21 Studio」などを提供

まとめ	□ ビッグテック企業の出資によりLLM市場を牽引
	□ 差別化されたLLM技術を開発し、市場へ投入

各スタートアップによる
資金調達と基盤開発

●資金調達を行いながら基盤開発を進め、競争力を高める

現在の大規模言語モデル（LLM）市場は、P.72でみたように、ビッグテック企業の資金力で牽引されていますが、スタートアップも生成AIを活用した独自サービスの展開により市場に影響を与えています。特にスタートアップは、基盤カスタマイズによるソリューション開発に力を入れており、データベース、インフラ、ファインチューニングなどの分野でシェアを伸ばしています。

LLM市場への資金提供者は、**ベンチャーキャピタル（VC）ではなくテクノロジー企業が中心**である理由は2つあります。1つは、コロナ禍による金融緩和の終焉により、VCが調達できるリスク資金が減少したこと。もう1つは、LLMのマネタイズモデルが不透明で、必要とされる長期的な巨額投資（最低数百億円以上）を維持できるのがビッグテック企業のみであることです。

LLM市場へのシードVCの動向をみると、投資額はビッグテック企業より小さく、**開発効率化、データインテグレーション（統合）、ドメイン特化アプリケーションの3領域への投資がトレンド**になっています。たとえば、Vector DB（P.66参照）のスタートアップの米Pinecone と、コンテンツ作成支援のスタートアップの米Typefaceは、1億ドルの資金調達を行いましたが、米マイクロソフトによる米OpenAIへの出資額と比べると**非常に小さい**のが現状です。

このような資金環境のなか、スタートアップは市場を開拓しながら独自の技術を開発しており、革新的なLLMを市場に投入し、競争力を高めることが期待されています。

● 主なVCの直近のテーマ別主要投資（基盤開発レイヤーを除く）

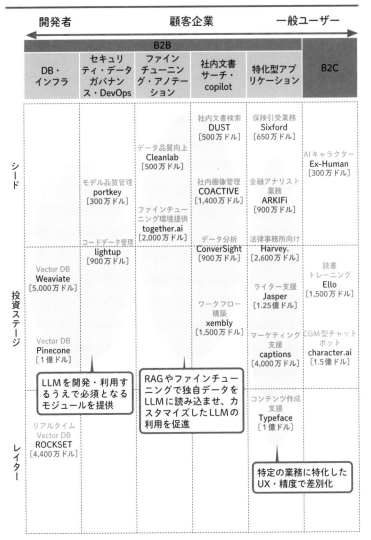

		開発者 →	顧客企業			一般ユーザー →
		B2B				
		DB・インフラ	セキュリティ・データガバナンス・DevOps	ファインチューニング・アノテーション	社内文書サーチ・copilot	特化型アプリケーション	**B2C**
投資ステージ	シード		モデル品質管理 portkey [300万ドル]	データ品質向上 Cleanlab [500万ドル] / ファインチューニング環境提供 together.ai [2,000万ドル]	社内文書検索 DUST [500万ドル] / 社内画像管理 COACTIVE [1,400万ドル] / データ分析	保険引受業務 Sixford [650万ドル] / 金融アナリスト業務 ARKiFi [900万ドル] / 法律事務所向け	AIキャラクター Ex-Human [300万ドル]
	レイター	Vector DB Weaviate [5,000万ドル] / Vector DB Pinecone [1億ドル] / リアルタイム Vector DB ROCKSET [4,400万ドル]	コードデータ管理 lightup [900万ドル]		ConverSight [900万ドル] / ワークフロー構築 xembly [1,500万ドル]	Harvey. [2,600万ドル] / ライター支援 Jasper [1.25億ドル] / マーケティング支援 captions [4,000万ドル] / コンテンツ作成支援 Typeface [1億ドル]	読書トレーニング Ello [1,500万ドル] / CGM型チャットボット character.ai [1.5億ドル]

LLMを開発・利用するうえで必須となるモジュールを提供

RAGやファインチューニングで独自データをLLMに読み込ませ、カスタマイズしたLLMの利用を促進

特定の業務に特化したUX・精度で差別化

まとめ	□ スタートアップは生成AIを活用した独自サービスを展開
	□ ビッグテック企業の影響によりVCからの資金調達は限定的

生成AIを導入する大企業の取り組み

● 企業ごとにカスタマイズして効果を最大化

　生成AIの導入は大企業でも進んでおり、米大手コンサルティング
ファームのBain & Company（ベイン）と米OpenAIの提携がその一
例です。ベインはプロンプトエンジニアリング（P.20参照）の手法に
より、**企業が生成AIを安全に活用できるよう支援**しています。これ
は、生成AIが間違った回答を出力しないように学習するもので、特
に企業におけるリスク管理に必要とされます。

　OpenAIのChatGPTやDALL・E2などの技術は、企業が顧客対応
や社内システムなどに取り入れるケースが増えており、ベインはこれ
らの導入を推進しています。ただしこれらの技術には、不正確な回答
をされたりデータプライバシーを侵害したりするリスクがあり、特に
企業ではこれらの問題への対処が必須です。

　ベインは生成AIを「**レスポンシブルAI**」と定義し、その**導入には
正確性の検証、差別の防止、規制への対応などの基準が必要**である
としています。特にプロンプトエンジニアリングにより、生成AIの
意図しない動作に対処することが重要です。このアプローチを取り入
れた企業として、米コカ・コーラや仏カルフールがあります。コカ・
コーラは、画像生成AIを活用することで、**視聴者に応じて広告内容
を変更**することが可能になりました。またカルフールは、**生成AIを
用いた買い物支援機能**をECサイトに導入しています。

　企業は開発された生成AIを単に導入するだけではなく、自社に特
化した専門的な生成AIとしてカスタマイズする作業が欠かせず、今
後こうした支援を担う企業が増えていく可能性が考えられます。

● ベインの生成AI導入における基準

業務提携

Bain & Company ◀▶ OpenAI

企業の生成AI導入を支援

安全性や正確性などを保持するための基準が必要

信頼性	透明性と説明可能性	公平性
目的に一致する出力を生成し、悪用や攻撃などへのセキュリティを確保	出力とプロセスが透明で説明可能であり、異議を唱えることができる	すべての人を公平に扱い、偏見から守り、危害を防止する

プライバシーと所有権	社会と環境	コンプライアンス
データと資産の所有権だけではなくプライバシーも尊重する	人権や主体性、社会、環境を尊重し、保護する必要がある	AIには人間による監視と説明責任、関連する法律や基準などの遵守が必要

● カルフールの生成AI導入の事例

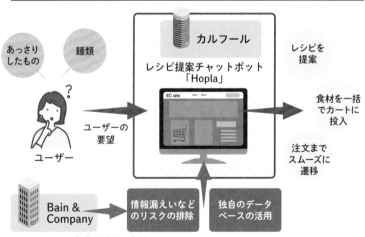

あっさりしたもの　麺類

ユーザー

ユーザーの要望

カルフール

レシピ提案チャットボット「Hopla」

EC site　Home　About

レシピを提案

食材を一括でカートに投入

注文までスムーズに遷移

Bain & Company

生成AI導入の支援

情報漏えいなどのリスクの排除

独自のデータベースの活用

まとめ	☐ 生成AIの導入には正確性の検証や規制への対応などが必要 ☐ 企業ごとに特化した生成AIとしてカスタマイズすることが重要

基盤モデルで多くのAIスタートアップが窮地に?

AIの基盤モデルの登場により、AIスタートアップを取り巻く環境は大きく変化しました。これまでのAIスタートアップ、特に大学発のベンチャーは、独自の技術を開発し、それをアピールすることに注力してきました。しかし、汎用的な基盤モデルの出現により、状況は一変しています。

基盤モデルとは、さまざまなタスクに応用できる汎用的なAIモデルのことです。基盤モデルを使えば、AIスタートアップが一から技術を開発する必要性はそれほど高くはありません。

つまり社会は、AIは「つくる時代」から「使う時代」へとシフトしてきているのです。しかし多くのAIスタートアップは、この変化に適応できていません。彼らはいまだに独自技術の開発にこだわり、昔ながらのアプローチに固執しているのです。これからのAIスタートアップに求められるのは、技術力ではなく、発想力と実行力です。基盤モデルをどのようにビジネスに活用するか、斬新なアイデアを出し、それを素早く試すことが重要になります。自動車の製造にたとえるなら、昔は自動車のエンジンから開発する必要がありましたが、今は既製品のエンジンを使ってユニークな自動車をつくればよいのです。

基盤モデルの登場は、AIスタートアップに大きな変革をもたらしています。この変化に適応し、新しい発想で挑戦できるかどうか。それが、これからのAIスタートアップの明暗を分けることになるでしょう。技術力から発想力の時代へ。AIスタートアップには、大胆な転換が求められているのです。

Part

4

組織に与える影響を知る

生成AIがもたらす
組織の変革

組織における生成AI活用の効果

● 組織のDXを加速させ、生産性と競争力を高める

　現在では、生成AIの活用は、主に文章や画像などの生成に使われることが中心ですが、その**真価は組織のデジタルトランスフォーメーション（DX）を加速させる**ことにあります。DXとは、企業が環境変化に対応し、データとデジタル技術を活用して、製品やサービス、ビジネスモデル、業務、組織、プロセス、企業文化・風土を変革し、競争上の優位性を確立することです。DXを推進するうえで、生成AIは組織の柔軟性と革新性を高める役割を果たします。

　一例として、生成AIを活用することで、組織は市場のニーズやトレンドを素早く把握でき、それに基づいて製品やサービスを迅速に開発・提供できるようになります。これは、**既存のビジネスモデルの枠を超えた新しい価値創造**の道を開くことを意味します。

　また生成AIの導入は、組織内のコミュニケーションや意思決定のプロセスを効率化します。たとえば、生成AIによる業務の自動化でルーチンワークが削減され、従業員はより**創造的で戦略的な業務に集中**できるようになります。

　さらに、人材育成や組織運営においても、たとえば従業員のスキルアップやキャリア形成に生成AIを活用することで、**より効率的で効果的な人材管理が実現**します。

　生成AIの導入は、組織の生産性を向上させるだけではなく、競争力を高めることにも寄与します。今後も組織は、生成AIを活用して革新的なビジネスモデルを構築し、持続可能な成長を目指すことになるでしょう。

● 今後の生成AIの活用範囲

現在の生成AIの活用範囲

文章の生成　画像の生成

動画の生成　音声の生成

↓

個別業務の効率化・自動化

今後の生成AIの活用範囲

| コミュニケーションや意思決定のプロセスの効率化 | ルーチンワークの削減と、創造的で戦略的な業務への集中 |

部門や組織全体

| より効率的で効果的な人材管理 | 組織の競争力と生産性の向上 |

↓

組織全体の柔軟で革新的なDXの促進

● 生成AIを活用したDXの事例

大規模言語モデルでのアプリ開発
文章の生成、プログラムコードの生成、質問応答システムなどを組み込んだアプリを開発

カスタマーサポートの自動化
AIチャットボットによる自動応答システムにより顧客対応を迅速かつ効率的に提供

レコメンデーションの最適化
大量の顧客データを分析し、個々のユーザーに最適化された商品やサービスを提案

交通システムの最適化
交通データを解析し、交通渋滞の軽減や信号の最適化、適切なルートの提案などを行う

生産管理と予測保守
製造プロセスの品質と効率を向上させ、機械の故障を予測して事前に保守を行う

| まとめ | □ 生成AIは企業のDXを加速させ、新たな価値を創出する
□ 生成AIは業務効率化と戦略的な業務への集中を促進する |

DXにおける生成AIの効果

● 現状の可視化や業務の効率化などの段階で生成AIが活躍

　組織におけるDXの推進には、生成AIの効果的な活用が鍵となります。最初はまず、生成AIにより組織内外にある大量のデータから有益な情報を抽出し、業務の現状を可視化して、**組織の問題点や業務の改善点を明確に**します。次に、可視化された現状をもとに、生成AIを用いて**業務プロセスの効率化**を図ります。報告書の自動生成や、カスタマーサポートへの自動応答システムの導入などがその例です。これにより、従業員はルーチンワークが削減され、より価値の高い業務に集中できるようになります。また、生成AIに蓄積された情報を組織内で共有することで、情報の透明性が高まり、意思決定のスピードと精度の向上にもつなげられます。

　生成AIを用いたDXの推進は、コストやミスの削減、生産性の向上、レガシーシステムの見直しといった**複数の成果**をもたらします。自動化による人件費の削減、業務プロセスの効率化による運用費の削減、生成AIにデータ処理を行わせることによるヒューマンエラーの減少、従業員が創造的業務に集中できる機会の増加、そして古いシステムの代替や改善による業務効率化などを同時に実現することが可能です。その結果、組織は絶え間なく変化する市場環境に迅速に適応し、**持続可能に成長**できるようになるのです。

　生成AIを活用することで、組織のDXの推進は大きく進展します。まずは組織や業務の現状分析からはじめ、どのような領域に生成AIが活用できるかを検討してみましょう。生成AIを最大限に活用できれば、効率的かつ革新的なビジネス運営が実現できます。

● 生成AIのDXへの活用

ステップ❶
**生成AIで
現状を可視化**

組織内外にある大量の
データから有益な情報
を抽出し、業務の現状を
可視化して、組織の問題
点や業務の改善点を明
確にする

ステップ❷
**生成AIで
業務を効率化**

報告書の自動生成や、カ
スタマーサポートへの自
動応答システムの導入な
ど、ルーチンワークが削
減され、価値の高い業務
に集中できるようになる

ステップ❸
**蓄積された
データを共有**

生成AIに蓄積された情
報を組織内で共有する
ことで、情報の透明性が
高まり、意思決定のス
ピードと精度の向上に
もつなげられる

生成AIによるDXでできること

コストの削減

自動化による人件費の
削減、業務プロセスの
効率化による運用費の
削減、AI活用による
消耗品の削減 など

ヒューマン
エラーの減少

入力ミスや計算ミスなど
の削減、製造プロセスの
精度の向上、品質管理や
異常検知の向上
など

生産性の向上

広告文の自動作成、
デザインの補助、
配送ルートの最適化、
創造的業務に集中できる
機会の増加 など

古いシステム
の見直し

統合システムによる
データの一元化と処理の
高速化、開発プロセスの
迅速化、製品テストの
自動化 など

変化する外部
環境への適応

市場やリスクの迅速かつ
正確な予測、顧客ニーズ
の的確な分析、サプライ
チェーンの最適化
など

組織の
競争力強化

事業領域や組織の強みの
正確な予測、パーソナラ
イズ化されたサービスの
提供、顧客との連携
強化 など

まとめ

☐ まずは生成AIで業務を可視化し、問題点や改善点を抽出
☐ 生成AIはコスト削減や生産性の向上などに貢献

生成AIの導入に必要な人材要件

● 適切な組織体制により生成AIを活用する風土を築く

　生成AIを導入する際、組織における最大の課題は、AIの専門家を採用することではなく、**適切な組織体制とマネジメントの構築**にあります。そして、生成AIの導入を推進する人材には、ビジネスニーズを理解し、簡易的な**データサイエンスの知識**をもとに**業務の要件を正確に定義し**、それに基づいて生成AIを効果的に活用する能力が求められます。加えて、生成AIに対する**適切な指示（プロンプト）の習熟、言語化の能力、そして対話力**も必要です。

　生成AIの導入を成功させるためには、まず体制の整備が重要です。導入推進者は、生成AIの活用により業務プロセスがどのように変化するかを把握し、従業員に対して必要なトレーニングを行うことが求められます。また、異なる部門間やチーム間の連携を強化し、生成AIを最大限に活用するための協力体制を構築することも重要です。

　さらに生成AIを使いこなすためには、経験により培われる**「問いを立てる力」「仮説を立てる力」「検証する力」**が不可欠です。これらのスキルは、生成AIが生み出すデータや洞察をビジネスの文脈で活用する際に特に重要になります。生成AIを使ったデータ分析や予測モデルの構築には、ビジネスの背景を理解し、適切な問いを立て、結果を解釈する能力が必要なのです。

　組織全体でこれらのスキルを育成し、適切な組織体制を整備することで、生成AIの効果は最大限に発揮されます。従業員が生成AIと効果的に協働することで、組織のDXは加速され、競争優位を築くことができるでしょう。

● 生成AI導入に求められる組織と人材

組織
生成AIの活用により、組織の効率化や業務プロセスの変革を促進する体制を整備する

人材
ビジネスの背景を理解し、適切な問いを立て、結果を解釈する能力があることが前提

▼

生成AIの活用による業務プロセスの変化を予測

「問いを立てる力」
「仮説を立てる力」
「検証する力」

▼

従業員に対して必要なトレーニングを実施

部門間やチーム間の連携を強化し協力体制を構築

データ
サイエンスの
知識

適切な
プロンプト
の習熟

業務要件を
定義する力

生成AIを活用し変革を推進していく組織風土の構築

ビジネス
ニーズの
理解

言語化の
能力

対話力

出典：経済産業省「生成AI時代のDX推進に必要な人材・スキルの考え方」（令和5年8月）を参考に作成

● 生成AIをDX推進に利用するために

- 部分的な業務効率化のみならず、全社的なビジネスプロセス・組織の変革、製品・サービス・ビジネスモデルの変革につなげることが重要
- まずは生成AIを適切に使い、生成AIのリテラシーを有する人材を増やすフェーズ、そのための経営層の理解や組織体制などが重要
- 企業価値の向上につなげるため、生成AIの利用スキルなどを従業員が身につけるための社内教育、担い手確保に取り組む機会の創出

出典：経済産業省「生成AI時代のDX推進に必要な人材・スキルの考え方」（令和5年8月）を参考に作成

まとめ	☐ データサイエンスの知識とプロンプトの習熟が必要 ☐ 問いや仮説を立て、検証するスキルが生成AI活用の鍵

生成AIによる事業戦略・事業領域の変化

▶ 生成AIの導入で生み出される新たな市場とサービス

　生成AIの導入により、一部の**知的作業の限界費用**（生産量を1単位増やすのにかかるコスト）が大幅に低減し、ビジネスチャンスが広がっています。特に、人力では採算が合わなかった知的作業が、生成AIで実現可能になると、**人件費が障壁となっていたサービスに新しいビジネスモデルが生まれる**ことが予想されます。

　たとえば従来、24時間対応が可能な問い合わせ窓口は、限定されたクレジットカード会社の会員向けサービスなどのみでしたが、生成AIの活用により身近なサービスが24時間対応になる可能性があります。そのように、人力では非効率でコストが高かった、**低付加価値のロングテール市場に生成AIを投入**することで、新たなビジネスが開始されるようになるでしょう。それにより、対話型サービスやカスタマーサポートなどが手頃な価格で提供できるようになり、市場に新たな競争が生まれ、企業にとっては未開拓の顧客層を獲得する機会にもつながります。たとえば、生成AIを英会話学習に導入すれば、生成AIが会話を通じてユーザーを理解し、その人に合った内容で会話をしてくれるサービスなども実現するでしょう。

　さらに生成AIは、従来のビジネスプロセスを根底から覆す可能性もあります。データ分析や意思決定支援システムなどの自動化により、企業は業務効率化と生産性向上を実現できます。この変化は、組織運営に影響し、**事業の持続可能性を強化**する要因となります。生成AIを活用することで、企業は新たな価値を創出し、市場での競争力を高めていくことが期待されます。

◉ 生成AI導入によるロングテール市場の変化

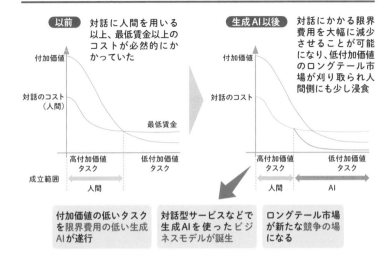

| 以前 | 対話に人間を用いる以上、最低賃金以上のコストが必然的にかかっていた |
| 生成AI以後 | 対話にかかる限界費用を大幅に減少させることが可能になり、低付加価値のロングテール市場が刈り取られ人間側にも少し浸食 |

付加価値の低いタスクを限界費用の低い生成AIが遂行

対話型サービスなどで生成AIを使ったビジネスモデルが誕生

ロングテール市場が新たな競争の場になる

◉ 頭脳労働と肉体労働のAIへの代替可能性

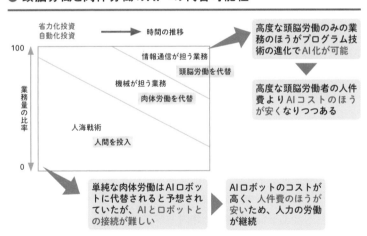

高度な頭脳労働のみの業務のほうがプログラム技術の進化でAI化が可能

高度な頭脳労働者の人件費よりAIコストのほうが安くなりつつある

単純な肉体労働はAIロボットに代替されると予想されていたが、AIとロボットとの接続が難しい

AIロボットのコストが高く、人件費のほうが安いため、人力の労働が継続

出典：独立行政法人 経済産業研究所「IoT, AI等デジタル化の経済学 第153回『生成AIと雇用・リスキリング（1）』」（2023年6月1日）を参考に作成

| まとめ | ☐ 生成AIにより対話型サービスのコストが大幅に削減
☐ 付加価値の低い市場が生成AIで開拓されやすくなる |

生成AIによる組織・人材の変革

●生成AIを活用した新たな人材育成の手法

　生成AIの導入は、組織構造や人材育成にも変革をもたらします。従来、従業員のスキルアップや仕事の進め方などは、組織内の研修や上司の指導などに依存していました。それが生成AIの活用により、**研修や指導の水準を大幅に引き上げることが可能**になります。

　まず、生成AIに対する各従業員の理解度と、普段の業務内容を照らし合わせ、研修内容を調整することで、組織は**個々の従業員に最適化された学習プログラム**を組むことができるようになります。これにより、従業員は自分のスキルやキャリアに合わせた知識やツールを、より効率的に獲得できます。生成AIを用いた客観的かつ詳細な分析や評価、フィードバックにより、スキルアップのプロセスは科学的で効果的なものに変わるのです。

　この変化は、従業員が**自律的かつ主体的に学習に取り組む環境**を構築し、組織全体の学習文化にも影響を及ぼします。これまでは画一的な学習プログラムでしたが、従業員は生成AIに不明な部分を質問するなどの対話的な学習が可能になり、知識やスキルを柔軟に取り入れることができるようになります。これにより、組織の人材育成が多様化し、持続的な成長を促進できるのです。

　加えて、生成AIは**従業員の指導と評価**にも変革をもたらします。生成AIが提供する客観的なデータ分析に基づき、個々の従業員のパフォーマンスを評価して、適切なフィードバックを行うことが可能になるのです。これにより、従業員がより公平かつ効率的に成長でき、組織全体の生産性が向上します。

● 生成AIによる高品質で柔軟な人材育成

従来型の人材育成

研修制度による一律の学習プログラム	上司や指導係による指導のばらつき
専門業務や経験による学習内容の偏り	一方的な研修や指導による受け身態勢
状況によって指示が異なるなどの一貫性の欠如	個人的な評価が反映されるなどの客観性や公平性の欠如

十分な学習効果が得られない
などの弊害

生成AI以後の人材育成

学習フェーズ

・個々の従業員の理解度や業務内容に応じた学習プログラムを組める
・生成AIとの対話型のやり取りでポイントを直接質問できる

・きめ細やかでパーソナライズ化され、学習効率が向上する
・個別にフォローできるので、誰も取り残さない人材育成を実現できる

評価フェーズ

・画一的なテストではなく、従業員の個別の業務に合わせた問題を作成できる
・自由回答の結果を生成AIで評価できる

・研修の成果が使える知識として定着しているかを確認できる
・上司による属人的な評価やばらつきを回避し、公平な評価を実現できる

研修や指導の水準を大幅に
引き上げることが可能

まとめ	□ 個々の従業員に合った研修・指導でスキルアップを促進 □ 生成AIで従業員の自律的な学習を促し、学習文化を醸成

パートナーシップとエコシステム

● 専門知識の獲得だけでなくエコシステムの構築を目指す

　生成AI導入の初期段階では、**生成AIのスタートアップやITコンサルティング企業とのパートナーシップ**は重要です。これらの専門業者には、組織が生成AIを活用する基盤を築くための貴重な知見やサポートを提供してもらえます。ただし長期的な視点では、**組織内でのエコシステムの構築**に焦点を移すことが求められます。外部依存から脱却し、組織内の体制や状況、活用のニーズなどに合わせてシステムを柔軟に変更し、生成AIを**効率的に活用するためのしくみを構築**することが不可欠です。このエコシステムは、組織のイノベーションを生み出す基盤となり、情報共有やスキルアップを促進するだけではなく、従業員が自分の力で業務を改善しているという感覚をもつことにつながり、**従業員のエンゲージメントも高めます**。

　また、最初から完璧なシステムの構築を目指し、抜本的な変革を行うというのは現実的ではありません。まずは小さな成功や細かい改善を積み重ねながら、少しずつ生成AIの可能性を引き出し、**組織全体で生成AIを活用する風土を築き上げていく**ことが大切です。生成AIの性能や限界などへの理解が深まることで、生成AIを前提とした業務フローへの改革に取り組む下準備が整うのです。

　そのため、**部門間での連携を強化**することは非常に重要です。具体的には、生成AI活用の成功事例を部門間で共有したり表彰したりすることで、生成AIに対する心理的な障壁を下げることを検討します。同時に、他部署の事例を自らの業務に当てはめて考えることで、生成AI活用のアイデアが創発されるサイクルが回ります。

● 外部業者とのパートナーシップからエコシステム構築へ移行

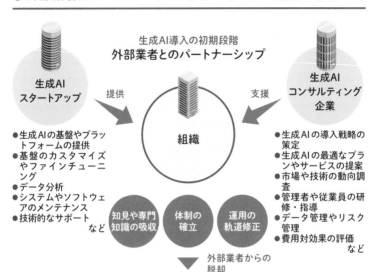

生成AI導入の初期段階
外部業者とのパートナーシップ

生成AI
スタートアップ

提供

組織

支援

生成AI
コンサルティング
企業

- ●生成AIの基盤やプラットフォームの提供
- ●基盤のカスタマイズやファインチューニング
- ●データ分析
- ●システムやソフトウェアのメンテナンス
- ●技術的なサポート
  など

知見や専門
知識の吸収

体制の
確立

運用の
軌道修正

- ●生成AIの導入戦略の策定
- ●生成AIの最適なプランやサービスの提案
- ●市場や技術の動向調査
- ●管理者や従業員の研修・指導
- ●データ管理やリスク管理
- ●費用対効果の評価
  など

外部業者からの
脱却

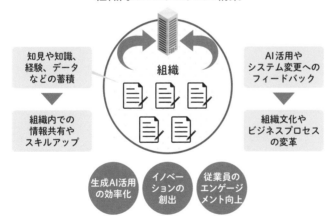

生成AI導入の中期段階
組織内のエコシステムの構築

知見や知識、
経験、データ
などの蓄積

組織

AI活用や
システム変更への
フィードバック

組織内での
情報共有や
スキルアップ

組織文化や
ビジネスプロセス
の変革

生成AI活用
の効率化

イノベー
ションの
創出

従業員の
エンゲージ
メント向上

まとめ	□ 生成AI導入の初期段階は外部とのパートナーシップが重要
	□ 長期的には組織内でのエコシステムの構築を目指す

生成AIの発展に伴う新興ビジネス

● 生成AIに伴うリスクや問題を解決するための新興ビジネス

生成AIの進展により、文章生成や画像生成、音声生成などの多岐にわたる分野でイノベーションが引き起こされていますが、同時に新たなリスクも生じています。これらの**リスクに対応するための新興ビジネスが登場**していることは、生成AI技術の発展と社会への影響を考えるうえで重要でしょう。

まず文章や画像、音声の自動生成により、著作権の侵害やフェイクニュースの拡散などの問題が発生しています。これに対し、**生成されたコンテンツの真正性を検証するツールやサービス**が注目されています。たとえば、AIによるコンテンツ生成の源泉を追跡し、その合法性や信頼性を確認するソフトウェアの開発が進んでいます。

また、AIが生成する音声や画像のリアルさは、個人のプライバシーやセキュリティに対する脅威となります。これに対抗するため、**ディープフェイク検出技術**（P.125参照）や**セキュリティ対策**の専門業者が成長しています。これらの技術は、生成AIによるリスクを最小限に抑えることが目的です。

さらに、AIが生成したコンテンツの**倫理的な使用を促進するためのコンサルティングサービスや教育プログラム**も拡大しています。これにより、企業や個人が生成AIを安全かつ倫理的に利用するための指針が打ち出されています。

生成AIの発展とリスクは表裏一体です。技術革新に伴う問題を解決するための新興ビジネスは、生成AIの健全な発展と社会への適合を促進するうえで重要な役割を果たしています。

● 生成AIの主なリスクとそれに対応するビジネス

生成AI

生成

文章・画像・音声など

リスク

著作権の侵害

著作権が保護されたコンテンツでの学習や、特定の分野に特化した生成などの場合、オリジナルと類似性の高いコンテンツを生成するリスクがある

フェイクニュース

学習データの偏りや、不正確な情報での学習、文脈の理解不足、あるいは意図的な操作などで、虚偽の情報を生成するリスクがある

新興ビジネス

コンテンツの真正性の検証ツール

文章を分析し、盗作や詐欺、誤情報などを検証するためのツール。機械学習や自然言語処理、パターン認識などを利用し、コンテンツをデータベースと比較して、重複度や関連性などを特定する。代表的な検証ツールは、Meta「Sphere」など

生成AI

生成

動画・画像・音声など

リスク

プライバシーの侵害

学習データに個人情報が含まれていたり、学習データに過剰に適合させるモデルであったりする場合、オリジナルと類似性の高いコンテンツを生成するリスクがある

セキュリティの脅威

たとえば、生成AIに入力した情報が外部に漏えいするリスクと、出力結果が事実と異なる情報であるリスクなどがある

新興ビジネス

ディープフェイク検出技術

生成された画像や動画などの不自然さを検出し、実在するか否かを検知

セキュリティ対策ツール

入力データに含まれる個人情報を検出して匿名化するツールなどがある

生成AI

生成

すべての生成物

リスク

倫理的な問題

生成AIを用いたビジネス自体に差別的な内容が含まれていたり、AIの生成結果により誤った判断をしてしまったりするリスクがある

新興ビジネス

AI倫理コンサルティング

生成AIのビジネスや業務プロセスの倫理的適合性を評価するサービス

教育プログラム

生成AIを活用するための基礎を築き、実践的な知識やスキルなどを身につけるプログラム

まとめ

□ 生成AIのリスクに対応するため、新興ビジネスが拡大
□ 安全かつ倫理的なAI利用を支援するサービスの重要性

リスクマネジメントとガバナンス

●生成AIの安全かつ効果的な利用への取り組み

　生成AIの利用には、ハルシネーション（幻覚、P.18参照）や情報漏えいなどの特有のリスクを伴います。生成AIを安全に使うためには、その潜在的なリスクに敏感になり、リスクを適切にマネジメント（対処）することと、**ガバナンス（統制）を構築**することが求められます。リスクマネジメントとガバナンス構築には、生成AIのもつ法的・倫理的な課題への対応も含まれます。これには、**データプライバシーの保護、誤情報の拡散防止、ユーザーへの透明性の確保**などがあります。

　組織が責任をもって生成AIを運用するためには、その運用方針を策定し、従業員やユーザーを教育しなければなりません。また、AIが生成するコンテンツや意思決定のプロセスなどの透明性を確保し、生成AIの運用環境の信頼性を確立することも必要です。

　リスクマネジメントとガバナンス構築には、技術的な側面だけではなく、**組織文化や業務プロセスの変革**も含まれます。そのため、生成AIの運用に伴うリスクを踏まえ、これらを実行するための内部ガイドラインやポリシーを設定しましょう。

　このようなリスクマネジメントとガバナンス構築は、組織が生成AIを安全かつ効果的に運用し、長期的な競争優位を維持するために必要な要素です。適切なガバナンスのもとで生成AIを運用することで、企業は社会的な責任を果たし、持続可能な発展を目指すことができます。

● 生成AIのリスクの例

機能・品質の リスク	倫理的な リスク	セキュリティの リスク
ハルシネーション （幻覚） 実際には存在しない事実やデータを生成してしまう	**有害な出力** 過度に暴力的、政治的、性的な内容が出力される	**データプライバシー** なりすましにより情報元や機密情報が流出してしまう
無関係な回答 文脈の情報が十分でないことで、無関係でランダムな回答を出力してしまう	**偏見のある回答** 過去の回答や学習済みデータからバイアスを増幅させて出力される	**プロンプト・インジェクション** 悪意によりプロンプトを操作し、AIが本来望まない操作を誘導する
一貫性のなさ わずかな表現の違いにより、全く異なる回答が出力される	**排他性** 入力が特定のマイナーな特性である場合に精度が悪くなる	**サプライチェーン** 大規模言語モデルのサプライチェーンにおけるセキュリティホールの問題

リスクへの対応の例

プロンプトの工夫や 正しいデータの参照 など	人間のフィード バックによる倫理性 の向上　など	利用シーンの制限 など

人間によるチェック	＋	生成AIの進化

出典：Robust Intelligence, Inc.「生成AIリスク評価サービスのご案内」を参考に作成

まとめ	□ 生成AIにはリスクマネジメントとガバナンス構築が必要 □ 責任をもって生成AIを運用するための透明性を確保

生成AIがあなたの上司になる？

生成 AI の発展は、職場でのコミュニケーションに大きな変革をもたらす可能性を秘めています。特に日本の組織で問題になりがちな上司と部下のコミュニケーションにおいて、生成 AI が中間管理職の役割を担うことで、組織内のコミュニケーションの最適化が実現するかもしれません。

上司から部下への指示やフィードバックは、お互いの相性や感情、多忙な状況などにより、一定の品質を担保することが難しい現実があります。そこで生成 AI に上司の役割を担わせることで、部下の状況をリアルタイムに把握し、必要に応じて的確な指示やアドバイスを提供するといったことが可能になります。

生成 AI は、部下の特性や過去の実績などに基づき、効果的なコミュニケーションの方法を選択し、個々にカスタマイズされたフィードバックを提供できます。それにより、部下は自分に合った指導を受けることができ、モチベーションの向上にもつながります。

生成 AI が上司の役割を担うようになれば、私たちの働き方は大きく変わるかもしれません。上司と顔を合わせて直接会話をするのではなく、生成 AI とチャットやメールでやり取りをするようになることが想定されます。最初は違和感があるかもしれませんが、徐々にそれが当たり前になっていくはずです。

近い将来、今のように直接コミュニケーションをとっていることに驚く未来が訪れるかもしれません。AI による効率的で最適化されたコミュニケーションが、新しい働き方の標準になる可能性は十分にあります。

Part

5

身につけるべきスキルやキャリアを知る

生成AIがもたらす
働き方の変革

生活や仕事に活用される生成AI

● ChatGPTのインパクトで生活や仕事に活用される生成AI

　生成AIの普及は、個人の生活や働き方にも大きな変化をもたらしています。生成AI技術の進歩により、日常的な作業から専門的な業務まで、生成AIを幅広い分野で活用できるようになりました。

　まず日常生活では、生成AIを活用した**パーソナルアシスタントが、スケジュールの管理、情報の検索、趣味や娯楽の提案**などを行っています（P.105参照）。また、**パーソナライズ化されたショッピングアシスタントや健康管理アプリ**なども普及し、生活を支援しています。

　仕事では、多くの業務プロセスの効率化・自動化に、生成AIが貢献しています。たとえば、文書作成やデータ分析、カスタマーサポートなど、従来は時間がかかっていた作業も迅速かつ正確に行えるようになりました。また生成AIは、新しいアイデアの考案や問題の解決にも効果を発揮します。

　生成AIの代表的なサービスが、対話型のAIチャットサービスであるChatGPTです。このサービスは、**ローンチからわずか2か月で月間アクティブユーザー数が1億人**に達し、史上最速で成長した消費者向けアプリケーションとなりました。これは、インターネットで過去20年間、観察されてきたもののなかで最速の成長とされ、TikTokやInstagramと比較してもその速度は顕著です。

　このような生成AIの発展は、個人の時間管理や生産性向上にも貢献しており、生活や仕事の質を押し上げています。さらに、新たな知識やスキルを習得する機会も提供しており、今後のキャリア形成にも影響を与えています。

● トップアプリが1億人到達までにかかった月数

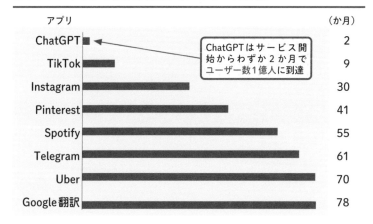

アプリ	（か月）
ChatGPT	2
TikTok	9
Instagram	30
Pinterest	41
Spotify	55
Telegram	61
Uber	70
Google翻訳	78

ChatGPTはサービス開始からわずか2か月でユーザー数1億人に到達

● ChatGPTの活用で見込まれる主なサービス提供

コンテンツ生成

- 高度な対話によるビジネス活用支援
- 文章生成
- 広告生成
- マニュアル自動生成
- 採用面接の質問項目生成
- 営業活動支援
- 記事制作支援
- セミナー議事録作成

要約サービス

- 電話自動応答システム
- 決算書の要約
- 企業情報調査
- FAQの改善

自動会話プログラム（チャットボット）

- 企業内業務の検索サービス
- お客様の問い合わせ対応
- 情報提供・アドバイス
- 相続・終活相談
- 口コミ返信

メッセージアプリ内コンテンツ

- FAQチャット
- キャラクターAIチャットユニット

外部向け活用コンサルティング

- ChatGPTコンサルティング

自社向け活用

- 自社サービスで活用
- 自社環境の構築支援
- アイデア・ブレスト支援
- 業務支援
- 問い合わせ対応の自動化

出典：内閣官房「新しい資本主義実現会議（第17回）」をもとに作成

まとめ
- ☐ 生成AIにより生活と仕事の質が向上
- ☐ 生成AIの活用はキャリア形成にも影響を及ぼしている

生成AIが働き方やスキル開発、キャリア形成を支援

●ワークスタイルやキャリア形成などの選択肢が拡大

　生成AIの普及により、工夫次第で作業や業務プロセスなどの効率化・自動化が図れるようになりました。これには、大規模なシステムの導入などが不要で、生成AIのアプリをインストールすれば**個人レベルで実現**できるものです。これにより、ルーチンワークの時間が削減され、創造的かつ戦略的な作業に集中できるようになり、生産性が大幅に向上しました。

　生成AIの活用は、新しいワークスタイルの実現にも影響を与える可能性があります。たとえば生成AIは、リモートワークやフレキシブルワーク（時間や場所を柔軟に選べる働き方）などで不足しがちな情報共有に対して、必要な情報の自動表示や、実行すべきタスクの提示、従業員同士の定期的なミーティングの提案などをサポートしてくれます。これにより、**従来のオフィス勤務を中心とした働き方とは異なる勤務スタイルを可能にする**かもしれません。

　さらに生成AIは、スキル開発やキャリア形成でも重要な役割を果たすようになると考えられます。たとえば生成AIが、従業員の知識や経験の状況、身につけたいスキルなどに応じて学習プランや課題などを提示することで、**従業員ごとに最適化された学習**が可能になります。こうした、生成AIを駆使した教育ツールの普及により、自己学習や専門スキルの習得などが手軽に行えるようになり、個人がキャリア形成のために能動的に活動できるようになるでしょう。このように、生成AIの活用により個人のとれる選択肢が増え、自身の関心やスキルに合わせて多様な経験を積めるようになります。

● 生成AIの使用による生産性向上の実験

参 加 者：マーケター、ライター、コンサルタント、データアナリスト、人事担当者、管理職の444人
作業内容：プレスリリース作成など、実際に業務で行われる作業に似せて設計された20分〜30分の課題
評　　価：同じ職種の経験豊富な専門家3人が行う
条　　件：参加者半数には第1タスクと第2タスクの間に生成AI（ChatGPT）を使用可能とする。残り半数には第1タスクと第2タスクの間に文書作成ツール（Overleaf）の使用を指示する

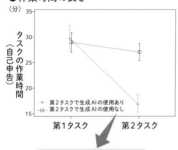

●作業時間の長さ

生成AIを用いた参加者の
作業時間が大幅に短縮

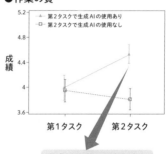

●作業の質

生成AIを用いた参加者の
ほうが作業の質が向上

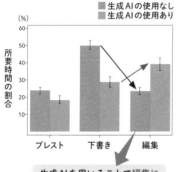

●タスクにかける時間の変化

生成AIを用いることで編集に
多く時間を割くようになった

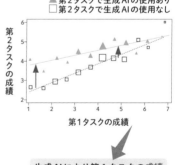

●スキルレベルに応じた生産性の変化

生成AIにより第1タスクの成績
が悪かった人ほど成績が向上

出典：内閣官房「新しい資本主義実現会議（第17回）」をもとに作成

まとめ	☐ 生成AIによる業務効率化と創造的な業務への集中
	☐ 新しいワークスタイルとキャリア形成を能動的に選択可能

生成AIの普及でホワイトカラーに
必要とされるスキルの変化

● 生成AIを活用するソフトスキルにより能力を高める

　生成AIの普及により、個人に必要とされるスキルにも変化が生じています。特に、コミュニケーション能力や問題解決能力、批判的思考など、**仕事を進めるうえで基本となる「ソフトスキル」の重要性**が高まっています。たとえば、人間に対しても重要であるコミュニケーション能力は、生成AIとの対話においても提供する情報が不足していることを生成AIの返答から推測し、適切な情報を追加して伝えるといったことを行ううえで必要不可欠です。こういったスキルがあることで、生成AIと協働しやすくなり、AIの性能を最大限に引き出せるようになります。

　さらに、生成AIを効果的に活用するためには、**指示の出し方やプロンプトの設計**が非常に重要になります。つまり、生成AIに適切に指示を出し、望む結果を得るためのプロンプトを設計する能力は、生成AIを利用するうえで必須のスキルといえます。これには、生成AIの機能と可能性を理解し、その範囲で最適な指示を出す知識が必要とされます。

　また、**生成AIツールの操作能力やカスタマイズ能力も重要**です。これらのツールを使うことで、生活や仕事におけるさまざまな作業を効率化できるのと同時に、新しい知識を得たり仕事の進め方を工夫したりするなどの可能性を探ることができます。さらに、生成AI技術に関する知識とスキルは、キャリア形成においても重要な要素となります。これらを備えていることで、今後の職業人生に大きなアドバンテージとなることでしょう。

▶ 生成AIの活用に必要とされる主なスキル

ソフトスキル
仕事を進めるうえで基本となる
個人の特性に関連するスキル

コミュニケーション能力

チームメンバーや生成AIなどに指示や
要求を明確かつ簡潔に伝え、生産性を
高める能力

問題解決能力

AIの生成する情報をもとに課題を的確
に分析し、効果的な解決策を見出す能力

批判的思考

AIの生成する情報を踏まえ、多様な
角度から物事の本質を捉え、論理的に
判断する能力

倫理的判断力

生成AI技術の活用やデータの取り扱いな
どで、倫理的な観点から判断を下す能力

ハードスキル
仕事で必要とされる、形式化・数値
化された専門的な知識やスキル

プログラミング

プログラミング言語により、生成AIの
開発や実装などを行うためのスキル

データ分析や統計

データの前処理や統計的手法の理解な
ど、データを分析して理解するための
スキル

機械学習とディープラーニング

生成AIの学習に関連する基本的な理解
と、モデルの設計や評価ができるスキル

自然言語処理

生成AIの言葉や単語、文などの処理や理
解、意味の抽出などに関するスキル

▶ 生成AIツールの操作に関連する主な能力

適切なツールの選定	データの準備	モデルの設定	推論と結果の解釈
課題解決のために、各ツールの特性や機能、適用範囲などを理解し、選択できる	適切なデータの収集や整理、前処理などを行い、適切に使えるように準備できる	ツールのパラメータや設定などを理解し、適切にモデルを設定して調整できる	ツールで推論を行い、出された結果を適切に解釈し、ビジネスに反映できる

まとめ	☐ 生成AIと協働するため、ソフトスキルの重要性が高まる
	☐ 指示出しとプロンプト設計が技術的スキルの基本

生成AIが提供するサービスによる生活の質の向上

● パーソナルアシスタントがサービスを統合して提供

　生成AIの普及は、個人の生活にも変化をもたらしています。特に、パーソナルアシスタントとしての活用が広がり、**日常的に使うさまざまなサービスの仲介役として機能**するようになっています。これまでは各サービスを別々に利用していましたが、今後は生成AIがこれらのサービスを統合してくれます。そして、生成AIが**秘書のような役割を果たす**ことで、ワンストップで手軽に使えるようになります。たとえば、生成AIとの過去のやり取りから状況や好みなどを把握したうえで、レストランの予約や旅行の手配などを代行してくれるといった体験が得られるようになるでしょう。また、生成AIを活用したパーソナルアシスタントは、多様な機能を備えており、従来は**一部の人しかアクセスできなかった高度な機能なども利用**できます。たとえば、家計簿のデータを分析し、どの支出を節約すべきかをアドバイスしてくれたり、資産運用のシミュレーションを行ってくれたりすることで、生活の質が高まります。

　さらに、生成AIの発展により、パーソナライズ化されたエンターテインメントを楽しむこともできるようになっています。音楽や映画、ゲームなどの分野で、個人の嗜好や過去の行動などに基づいたレコメンドが行われ、個人に最適化されたエンターテインメントが提供されます。これにより、自分の好みに合わせて日々の活動を選択でき、より多様で満足度の高い生活を送ることができます。

　生成AIがもたらす変革により、個人がアクセスできるサービスの範囲が広がり、より個別化された体験が得られるようになるでしょう。

● 生成AIを活用したパーソナルアシスタントのイメージ

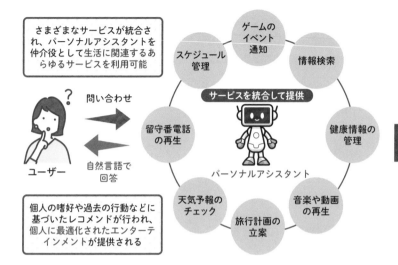

さまざまなサービスが統合され、パーソナルアシスタントを仲介役として生活に関連するあらゆるサービスを利用可能

個人の嗜好や過去の行動などに基づいたレコメンドが行われ、個人に最適化されたエンターテインメントが提供される

ゲームのイベント通知

情報検索

スケジュール管理

サービスを統合して提供

健康情報の管理

問い合わせ

自然言語で回答

ユーザー

留守番電話の再生

パーソナルアシスタント

天気予報のチェック

旅行計画の立案

音楽や動画の再生

● 開発中の主なパーソナルアシスタント

Assistant with Bard	LINE AI アシスタント	Gunosy AI（仮称）
開発元：Google LLM：LaMDA	開発元：LINEヤフー OpenAIのAPI	開発元：Gunosy LLM：GPT-4
Googleアシスタントより高度な機能を備えた新しいアシスタント。大規模言語モデルを搭載することで、文脈を理解し、より自然な会話ができる。メールや手紙などの文章を生成できるほか、音楽の再生、アラームの設定、GoogleカレンダーなどのGoogleサービスとの連携が可能	LINEアプリ内で、生成AIによる情報検索などが可能。対話をしながらレシピの検索や、画像翻訳・解析、ファイル翻訳・要約などが行えるサービスを2024年2月から提供している。アプリ内での機能拡張のほか、ほかのサービスとの連携も強化していく予定	大規模言語モデルを活用したシステムで、企業の保有データをもとに適切な回答を生成。パーソナルアシスタントとしての機能も備え、ユーザーの要求に応じて情報を提供するだけでなく、旅行の計画立案、レストランの予約、天気予報の提供など、幅広い領域のタスクを実行可能

まとめ	☐ 生成AIによるパーソナルアシスタントの機能の多様化 ☐ 個別化されたサービス提供と生活の質の向上が実現

生成AIの分析や提案による
個別化された人材教育の提供

● 自分でキャリアや学習内容を決めるという新たな視点

　生成AIの普及は、キャリア形成と人材教育の分野に影響を与えています。たとえば、これまでホワイトカラーに求められていた**汎用的な知識やスキルの多くは、生成AIに代替される**ようになりました。これにより人間には、専門的な知識やスキルをどう使うか、どんな意図や見通しをもって生成AIを使うかといったことが重要になり、**具体的な作業自体はAIが行う**時代に移行しています。この変化は、人材教育にも影響を及ぼしており、生成AI技術の基礎知識はもちろん、専門的な知識やスキルと、倫理やプライバシーに関する知識の教育がより重要視されるようになっています。

　キャリア形成の観点では、生成AI技術の進歩により、新たな職種やキャリアが生まれています。具体的には、AI専門家やAI倫理専門家、データアナリストなど、生成AIに関連する多様な職種が登場しています。これらは今後のキャリア形成において、重要な選択肢となることが予想されます。

　人材教育では、生成AIを活用することで、**個別化された教育**が可能になり、個人の興味やスキルなどに合わせて学習内容をカスタマイズできます。これは、個人が自分の価値観などに基づいて意思決定を行い、能動的に学習内容とキャリアを決めることを促します。

　個々人が「私」という会社の社長として、**自分の判断でキャリアを決める**ことが重要な時代になると予想されます。生成AIの発展により、自分の可能性を最大限に引き出せるようになることで、自分主導でキャリアを形成するという新たな視点が生み出されているのです。

● 求められる知識やスキルと新たな職種の例

 汎用的な知識 ▶ 生成AIに代替されていく

経済やマーケティング、法律などの知識

個人に求められる知識やスキル

| 生成AI技術の基礎知識 | 専門的な知識やスキル | 倫理やプライバシーに関する知識 |

専門的な知識やスキルをどう使うか、どんな意図や見通しをもって生成AIを使うかといったことが重要

新たな職種やキャリアの登場

データアナリスト
膨大なデータの解析を行い、その解析結果をもとにモデルの学習や調整、予測の向上、課題解決などを担う

AI専門家
AIに関連する事業の企画立案や戦略策定、プロジェクト推進などをAI技術に関する専門性をもとにサポート

AI倫理専門家
AIの技術や設計、開発、カスタマイズ、活用などの倫理的な課題や社会的な影響などへ専門的な見地から対応

● 個別化された教育から自分主導でキャリアを形成

生成AIの活用による個別化された教育 ▶

| 機械学習 | ディープラーニング | 大規模言語モデル |
| プロンプトエンジニアリング | ファインチューニング | データ分析 |

個人の興味やスキルなどに合わせて学習内容をカスタマイズ

ニューラルネットワーク

自分の価値観などに基づいて意思決定を行い、能動的に学習内容とキャリアを決める

| まとめ | ☐ 汎用的知識ではなく、専門性や倫理観などが重要視される |
| | ☐ 教育は個別化され、自分主導によるキャリア形成を促進 |

生成AIによる
コミュニケーションの変革

● 生成AIの介入による新たなコミュニケーションの可能性

　生成AIの急速な発展により、コミュニケーションの手法とその性質も変化してきています。特に、**人間とAI、AI同士による相互作用が、新たなコミュニケーションの可能性**を示しています。

　まず、人間のコミュニケーションの第一の相手がAIになると、AIが情報を受け取り、理解・解釈し、そして情報を伝達するという役割を担うようになります。たとえばAIは、情報を受け取る人の背景や目的、伝達する相手の情報や状況を、過去のやり取りから推測・理解します。そして、その理解に基づき、どのように情報を伝えると効果的で受け入れられやすいかを考え、最適な表現で情報を出力する、といったしくみが考えられます。そして、**AIが人間同士のコミュニケーションに介入**し、正確な情報を伝達することで、人間同士のコミュニケーションにおける**誤解が減り、明瞭化される効果**が期待できます。この変化により、人間同士のコミュニケーションも効率化され、スムーズになる可能性があります。

　また、生成AIの発展により、創造性の向上やアイデアの醸成が促進されることも考えられます。つまり、人間の感性とAIの性能を組み合わせることで、これまでにないアイデアやソリューションが生まれる余地があるということです。AI同士のコミュニケーションにも、新しい形態が生まれています。それは、**AI同士で情報交換をすることで、複雑な問題解決やタスク実行**ができ、より高い成果を生み出せるようになるというものです。それにより、ビジネスや科学などのさまざま分野で革新が起こるかもしれません。

● 生成AIの介入によるコミュニケーションの正確性

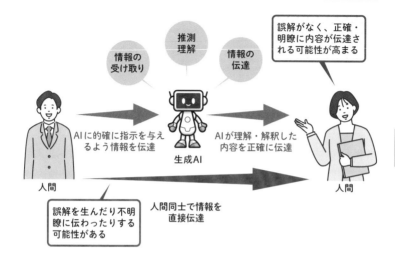

情報の
受け取り

推測
理解

情報の
伝達

誤解がなく、正確・
明瞭に内容が伝達さ
れる可能性が高まる

AIに的確に指示を与え
るよう情報を伝達

生成AI

AIが理解・解釈した
内容を正確に伝達

人間

人間

誤解を生んだり不明
瞭に伝わったりする
可能性がある

人間同士で情報を
直接伝達

● AI同士の情報交換による成果の向上

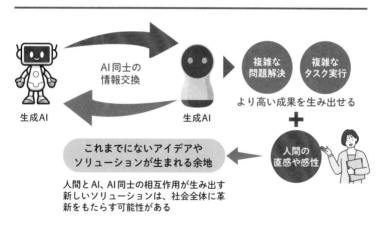

AI同士の
情報交換

生成AI

生成AI

複雑な
問題解決

複雑な
タスク実行

より高い成果を生み出せる

＋

人間の
直感や感性

これまでにないアイデアや
ソリューションが生まれる余地

人間とAI、AI同士の相互作用が生み出す
新しいソリューションは、社会全体に革
新をもたらす可能性がある

まとめ	□ AIがコミュニケーションに介入すると正確な伝達が可能に □ AI同士の情報伝達により、問題解決やタスク実行が高度化

生成AIと個人の倫理観・価値観の重要性

▶ 生成AIを使う側が倫理的かつ責任ある判断をする

　生成AIの普及により、個人の倫理観とデータ利用の権利に対する考え方が一層重要になっています。**レスポンシブルAI（責任あるAI）**（P.76参照）という概念が広まったことで、**生成AIを使う側の倫理観**が強く求められるようになりました。生成AI技術の利用は、個人のプライバシーや倫理的な意思決定、情報の透明性に深く関与するものであるため、自身のデータ利用の方法とその権利をきちんと意識しなければなりません。

　生成AIに関連する倫理的観点には、AIが生成する**コンテンツの著作権や信頼性、データ利用に関する倫理的規範**などがあります。これらの観点は、生成AI技術の進歩とともに複雑化しています。個人のデータを利用する際は、プライバシーの保護と透明性の確保が求められます。ユーザーは生成AIで使われるデータがどのように収集され、どのように使われるのかを理解し、適切な同意を与えなければなりません。

　生成AIを利用するときは、生成AIの**利便性や効率性と個人の価値観や倫理観のバランス**をとることが重要です。生成AI技術の健全な発展には、これらの倫理的な判断が不可欠です。

　レスポンシブルAIの概念では、生成AIを使う側の責任で倫理的に判断することが強調されています。これは、生成AI技術がもたらす利便性と、そこに潜むリスクを理解し、適切に管理して使わなければならないことを意味します。生成AIを使うことで発生する社会的影響を慎重に考え、倫理的かつ責任ある判断をすることが大切です。

● 生成AIの利用に必要とされる倫理的判断

> **レスポンシブル AI** AIの開発や使用において、倫理的かつ社会的な責任をもち、プライバシーの保護、透明性の確保などを重視する概念

生成AIに関連する倫理的な観点　　　**レスポンシブルAIと倫理的判断**

コンテンツ
の著作権
データ利用
の倫理的
規範
プライバシー
の保護

情報の
信頼性
情報の
透明性
使う側の
倫理観が強く
求められる

生成AI技術の進歩
とともに複雑化

データ利用の方法とその権利を
きちんと意識する

データがどのように収集され、
どのように使われるかを理解

生成AIの利便性や効率性と個
人の価値観や倫理観のバランス

生成AI技術がもたらす利便性
と、そこに潜むリスクを理解

そのほかの配慮すべきこと

社会的影響の評価	生成AIを使うことで発生する社会的影響を慎重に考え、倫理的かつ責任ある判断をする
透明性と説明責任	生成AIの動作が透明であり、その意思決定プロセス（アルゴリズムやモデルなど）が説明可能であること
透明性と情報提供	生成AIの利用や機能について、透明で理解しやすい情報を提供し、利害関係者が十分な情報を得られるようにする
公平性とバイアスの排除	生成AIの意思決定が公正であり、人種や年齢、障がいなどの要因に基づくバイアスを排除するための対策が必要
セキュリティ対策	生成AIがセキュリティリスクに対処し、外部の攻撃や不正などから保護されていること
法令と規制の順守	生成AIの開発や利用において、適用される法律や規制に準拠すること

まとめ
- □ レスポンシブルAIと倫理的観点に配慮して生成AIを使う
- □ 個人のデータ利用の方法とその権利をきちんと意識する

生成AIを活用するために必要な
従業員の姿勢とスキル

● 従業員が生成AIを活用しやすいしくみを構築

　生成AIの導入にあたり、組織がCoE（Center of Excellence）を設置してトップダウンで推進を図ることで、導入に弾みをつけることができます。CoEとは、組織内の優秀な人材やノウハウなどを目標達成のために集約することです。しかし、生成AIを効果的に活用するには、**業務のノウハウを言語化し、生成AIに適切な指示を与える**ことが重要であり、従業員の主体的な取り組みが欠かせません。したがって、CoEの設置とともに、**従業員や現場部門がボトムアップで生成AIを活用するしくみ**をつくり上げていく必要があります。

　これには、現場業務を言語化・共有化するためのスキルの習得、生成AIを安全に利用するためのガイドラインの遵守、リテラシー向上のための教育・研修への参加などが必要です。また、現場での需要を考慮し、**生成AIをどのように活用すると効率化につながるかを上司に提案していく**ことなども求められます。

　各従業員にとっては、生成AIを活用するために必要なスキルの習得が求められます。特に、**自身の業務を的確な指示として生成AIに与えるための言語化のスキルは不可欠**です。また、生成AIを活用して得られた情報を適切に解釈・分析し、意思決定に生かす力も重要です。さらに、生成AIがもたらす働き方の変化に適応し、自律的にキャリアを築いていく姿勢も求められます。

　単純作業がAIに代替される一方、創造性や問題解決力が求められる業務が増えていきます。従業員は、自身の強みを生かせる分野を見極め、継続的にスキルアップを図っていく必要があります。

● 従業員が生成AIを活用しやすい組織環境

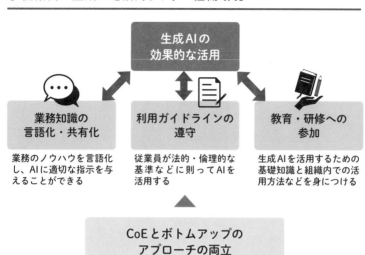

生成AIの
効果的な活用

業務知識の
言語化・共有化

業務のノウハウを言語化
し、AIに適切な指示を与
えることができる

利用ガイドラインの
遵守

従業員が法的・倫理的な
基準などに則ってAIを
活用する

教育・研修への
参加

生成AIを活用するための
基礎知識と組織内での活
用方法などを身につける

CoEとボトムアップの
アプローチの両立

● 従業員に求められるスキルと働き方の変化

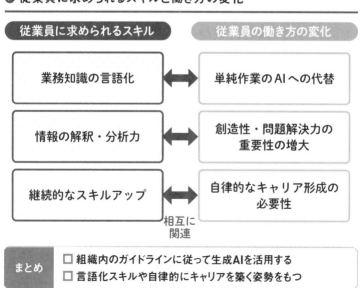

従業員に求められるスキル　　　従業員の働き方の変化

| 業務知識の言語化 | ◀▶ | 単純作業のAIへの代替 |

| 情報の解釈・分析力 | ◀▶ | 創造性・問題解決力の重要性の増大 |

| 継続的なスキルアップ | ◀▶ | 自律的なキャリア形成の必要性 |

相互に
関連

まとめ
- □ 組織内のガイドラインに従って生成AIを活用する
- □ 言語化スキルや自律的にキャリアを築く姿勢をもつ

生成AIを使ってプログラミングを学ぶ

　生成 AI を活用することで、プログラミング学習はより手軽で理解しやすくなります。特にプログラミングの初心者にとって、生成 AI は強力な学習サポートツールになり得ます。

　プログラミングを学ぶ際に避けられないのが「エラー」です。これらのエラーメッセージを適切に読み解き、修正方法を考えることは学習者にとって大きな壁となります。しかし、生成 AI にエラーメッセージを入力して解釈してもらえば、わかりやすい説明を得ることが可能です。これにより、問題解決のプロセスが加速され、学習者はより素早く、効果的に学ぶことができます。

　また、プログラミングの学習では、「何をすればよいかわからない」という状況はよくあります。生成 AI は、学習者のレベルや興味に合わせてアイデアを提案してくれるため、学習の方向性を見出す手助けとなります。これにより、学習者は自分に合ったペースで、実践的に学ぶことが可能になります。

　さらに、生成 AI はいつでも利用可能なプログラミングのパートナーとしても機能します。プログラムのロジックの説明や関数の書き方の質問など、対話により経験豊富なメンターに相談するようなやり取りが可能です。これは、プログラミングの理解を深め、学習に取り組むモチベーションにもつながります。

　プログラミング学習に生成 AI を活用することで、対話形式の学習環境が提供され、エラー解釈の支援やプロジェクトのアイデア提案などの各段階で強力なサポートが得られます。これにより、学習者はプログラミングの理解が深まり、より実践的なスキルを効率的に身につけることができます。

Part

6

イシューやリスクを知る

AI活用で直面する
法整備や課題

生成AIの普及で生まれる
法的な課題

● 法的課題に対処するための法規制の整備と更新

　生成AI技術の急速な進歩は、私たちの生活や働き方、社会に大きく影響を及ぼしています。この進歩の多くは、利便性を高めるものである一方、新たな法的課題を生み出しています。これには、**データプライバシー、権利問題、倫理的利用**といった課題が含まれます。これらの課題に対して、適切な法整備とガバナンス構築は、生成AI技術の健全な発展と社会への適合を進めるうえで不可欠です。

　生成AIによって生じる主な法的課題のひとつは、データプライバシーの保護です。個人のデータの収集と利用に関する透明性を確保し、不正を防ぐ必要があります。また、**AIによる生成の透明性**（P.126参照）**と説明責任**も重要な課題です。AIがどのようなしくみで生成しているのかを理解し、そのプロセスを明確にする必要があります。

　データや情報の権利問題も課題となります。AIが生成したコンテンツの**著作権や知的財産権などに関する明確なガイドライン**が必要です。また、生成されたコンテンツが既存の権利を侵害していないかを確認するしくみを担保することも重要です。

　これらの課題に対処するためには、関連する法規制の整備と更新が求められます。**各国はそれぞれ独自のガイドラインや法規制を整備し始めており**、世界規模での生成AI技術の管理には国際的な協力と共同規制の枠組みを構築することも不可欠です。個人、企業、政府が協力し、生成AI技術の進歩と社会的利益のバランスをとることが重要になっています。

● 生成AIの利用に伴うさまざまな課題

生成AIの利用にはデータプライバシー、権利問題、倫理的利用などのさまざまな課題が含まれる

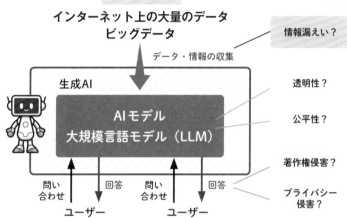

インターネット上の大量のデータ ビッグデータ

情報漏えい？

データ・情報の収集

生成AI

AIモデル 大規模言語モデル（LLM）

透明性？

公平性？

著作権侵害？

プライバシー侵害？

問い合わせ 回答 問い合わせ 回答

ユーザー ユーザー

生成AI利用のさまざまな課題

情報漏えい

生成AIの学習データをはじめ、生成AIが参照するデータ、ユーザーの入力データなどが外部に漏えいしたり盗み見られたりするリスクがある

プライバシー侵害

生成AIが個人のプライバシーと無関係にデータを収集・処理することで、プライバシー侵害のコンテンツをつくり出すリスクがある

著作権侵害

生成AIがコンテンツの著作権と無関係にデータを収集・処理することで、他人の著作物に類似するコンテンツをつくり出すリスクがある

透明性

生成AIの処理のしくみが明確で、透明性があり、意思決定プロセスが説明可能であることが求められる

公平性

生成AIの処理や意思決定が公平であり、人種や年齢、障がいなどに基づくバイアスが排除されていることが求められる

まとめ
□ 生成AI技術の発展に必要な法整備とガバナンス構築
□ データプライバシー、権利問題、倫理的利用が課題

生成AIに関連する
国際的な法整備の現状と課題

● 国・地域によって異なるAIに対する法整備と規制

多くの国・地域が、**生成AIに関する法規制やガイドラインを整備**し、利用のルールを確立しはじめています。これらの法整備は、生成AIのデータプライバシー、権利問題、倫理的利用といった要素をカバーします。

生成AIに関連する法規制は、国・地域によってアプローチに違いがあります。**EUと中国は「ハードロー型」**と呼ばれ、法律による厳格な規制を敷いています。一方、**米国と日本は「ソフトロー型」**と呼ばれ、罰則のないガイドラインで規制を行っています。

EUでは2021年、AIに関する包括的な**「EU AI規制法案」**が提案され、AIの利用条件やリスクに応じた規制が定められています。中国では2023年、**「生成AIサービス管理暫定弁法」**が制定され、生成AIの利用に関する明示や届出が要求されています。

これに対して米国では、NISTによる「AIリスクマネジメントフレームワーク」や、ホワイトハウスの「AI権利章典」などのガイドラインがあり、AIの開発や活用に関する原則を定めています。2023年7月には、米マイクロソフトや米Googleなど7社が、ホワイトハウスで安全・透明なAI技術開発を行うことに合意しました。

日本では、AI戦略会議で生成AIに関するリスク評価やガバナンス強化に関する議論が進んでいますが、企業への制裁金などを中心とした規制の議論は少ない状況です。

これらの動向は、AI規制に対する国際的なアプローチの違いを示しており、各国・地域の経済や法制度に根ざしています。

● 主な国・地域の生成AIに関連する法規制の取り組み

規制強化
ハードロー　　　各国・地域の生成AIに関連するアプローチ　　　規制慎重
　　　　　　　　　　　　　　　　　　　　　　　　　　　　　ソフトロー
◄───►

中国　　　　　EU　　　　　米国　　　　　日本

EU

EU AI規制法案

- 「許容できないリスク（禁止）」「ハイリスク（規制）」「限定リスク（透明性義務）」「最小リスク（規制なし）」の４つのリスクに応じて規制内容を変えるリスクベースアプローチ
- 加盟国に統一ルールが直接適用される
- 違反すると巨額の制裁金が課され得る

中国

生成AIサービス管理暫定弁法

- 包括的かつ慎重な分類・等級別の監督の実施が提示され、生成AIサービスの提供と使用に対する全体的な要求を明確化
- 生成されたコンテンツにはラベル付けを行い、違法コンテンツを発見した場合は速やかに対処するなどの措置
- セキュリティ評価やアルゴリズム届出などの制度が規定され、法的責任を明確化

米国

AIリスクマネジメントフレームワーク

- AIに関連するリスクを効果的に管理するためのフレームワーク
- AIに関わるリスクの考え方、信頼できるAIシステムの特徴、AIシステムのリスクに対処するための実務が説明されている
- フレームワークを活用することで、AIリスクを管理するプロセスを強化でき、社会への影響を認識する効果が期待できる

日本

AI戦略会議

- 国際的なルール形成への貢献。「責任あるAI」の実現に向けた国際的議論への参画や普及・支援などの強化
- 偽・誤情報対策技術などの開発・展開。偽・誤情報の対策技術やAIによって生成されたコンテンツか否かを判定する技術などの確立・社会実装、国際的な情報発信

まとめ

- ☐ EUと中国では厳格なAI規制（ハードロー型）
- ☐ 米国と日本はガイドラインに基づくAI規制（ソフトロー型）

生成AIの悪用とその対策

● 技術的な対策と法的・倫理的枠組みの両面から対処

　生成AI技術の急速な発展に伴い、その悪用のリスクも顕在化しています。**フェイクニュースやディープフェイクの生成、ハッキングやサイバー攻撃の脅威**など、生成AIの悪用は多岐にわたります。これらの課題には、技術的な対策と、法的・倫理的な枠組みの整備の両面からの対処が必要です。

　まずフェイクニュースの生成は、社会的な混乱や誤解を引き起こす可能性があります。これに対しては、**AIが生成するコンテンツの検出技術の開発や情報源の透明性の確保**などが有効です。また、ユーザーのメディアリテラシーの向上を促す教育も重要です。

　ハッキングやサイバー攻撃の脅威に対しては、生成AIへのセキュリティ対策の強化が求められます。これには、システムの脆弱性を定期的にチェックし、インターネット上での機密性を確保する**セキュリティプロトコルを更新**することが含まれます。また、**ユーザーの認証方法や不正アクセスの検出技術の強化**も必要です。

　法的・倫理的な枠組みの整備は、生成AIの悪用を防ぐための基盤となります。**生成AIの利用に関する法規制の策定、倫理基準の明確化と、これらの遵守の徹底**が必要です。加えて、国際的な協力関係の構築や情報共有も、グローバルな問題に対処するために必要不可欠です。

　生成AIの悪用には、技術的な対策と法的・倫理的な枠組みの両面から対処することで、生成AI技術の健全な発展と社会へのポジティブな影響を確保できるようになります。

● 生成AIがもたらす主なリスク

フェイクニュースの生成
事実ではない情報のねつ造や創作により、サービスの信頼性を喪失させたり、社会的混乱に陥れたりする

ディープフェイクの生成
他人に似せた画像や映像、音声などにより、社会的混乱に陥れたり、不正行為や詐欺を行ったりする

ハッキングの脅威
ディープフェイクなどで他人になりすまし、不正アクセスを行ったり、相手に不正行為を行わせたりすることが可能になる

サイバー攻撃の脅威
生成AIの活用により、悪意ある行為を自動で行うボットネットの生成や、対象の分析により攻撃手法のカスタマイズなどが可能になる

情報漏えいの脅威
生成AIへのプロンプトの入力により、個人情報や機密情報が学習され、外部に漏えいしたりコンテンツに利用されたりする

生成物の責任
生成されたコンテンツの確認や検証が不十分なことで、誤情報や権利侵害などがあるコンテンツを拡散し、責任問題になる

● リスクに対する技術的対策と法的・倫理的枠組み

技術的な対策

コンテンツの検出技術
ディープラーニングや画像・音声解析、自然言語処理などにより、AIが生成したコンテンツか否かを識別し、悪用を防止

情報源の透明性の確保
生成AIが使ったデータのトレースバックや履歴管理、コンテンツのメタデータの確保、モデルの説明可能性の向上など

セキュリティ対策の強化
システムの脆弱性を定期的にチェックし、セキュリティプロトコルを更新、ユーザー認証や不正アクセス検出の強化など

法的・倫理的な枠組みの整備

メディアリテラシーの向上
情報の信頼性の評価、情報の選択や共有などに関する教育、メディアの製作体験などによりリテラシーを向上させる

法規制や倫理基準の整備
生成AIの利用に関する法規制の策定、倫理基準の明確化、これらの法規制や基準を遵守させるためのチェック体制など

国際的な協力体制
グローバルな問題に対処するための国際的な協力関係の構築、関係の強化、情報共有など

まとめ	☐ フェイクニュースやハッキングのリスクへ技術的に対応
	☐ 法的・倫理的な枠組みを整備し、国際的な協力関係を築く

生成されたコンテンツの
著作権の所在とクレジットの明示

● 生成されたコンテンツに権利とオリジナリティはあるか

　生成AIによるコンテンツ作成が一般的になるなか、**著作権の所在とクレジットの明示**が新たな課題として浮上しています。AIが生成する文章、画像、音楽などのコンテンツにおける著作権の所在や、そのオリジナリティの限界についての議論が活発になっています。

　AIが生成したコンテンツの著作権は、従来の著作権法の枠組みでは明確に定義されていません。**AIが生成したコンテンツは「技術的な出力」**であり、従来の「創作」の概念に当てはまるかどうかが争点となります。これにより、AIが生成したコンテンツの著作権の帰属、コンテンツ利用に関する法的な指針など、国家レベルでの策定が必要とされています。

　また、AIが生成したコンテンツのオリジナリティの限界も重要な問題です。AIは既存のデータや作品などをもとに新たなコンテンツを生成しますが、その**プロセスでオリジナリティがどの程度保たれるか**が問われています。さらに、AIが生成したコンテンツのクレジットの明示に関するガイドラインの確立も求められています。

　これらの課題に対処するためには、著作権法の見直しや新たな法規制の策定が必要です。生成AI技術の進歩とともに、著作権法の適用範囲や定義の改定が求められています。国際的な協力関係も重要であり、異なる国の法律体系と整合性を図る必要があります。

　これらの課題は、生成AI技術の発展に伴って生まれたものであり、これに対する法的・倫理的な枠組みの確立が、今後の生成AIの発展にも重要な役割を果たします。

● AIと著作権の関係

●人間による創作

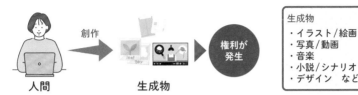

生成物
・イラスト/絵画
・写真/動画
・音楽
・小説/シナリオ
・デザイン　など

人間　　　　　生成物　　　　権利が発生

●AIを道具として使った創作

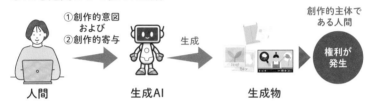

①創作的意図および②創作的寄与

生成

創作的主体である人間

権利が発生

人間　　　　　生成AI　　　　生成物

●AIによる創作

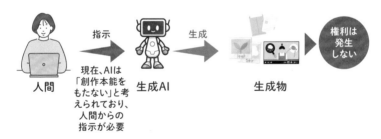

指示

生成

権利は発生しない

人間　　　　　生成AI　　　　生成物

現在、AIは「創作本能をもたない」と考えられており、人間からの指示が必要

出典：首相官邸「資料2 AIによって生み出される創作物の取扱い（討議用）」（平成28年1月）を参考に作成

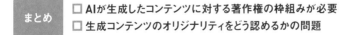

| まとめ | □ AIが生成したコンテンツに対する著作権の枠組みが必要
□ 生成コンテンツのオリジナリティをどう認めるかの問題 |

ディープフェイクのリスクと
社会的な影響

● メディアリテラシーの向上と検出技術の開発が必要

　ディープフェイクは、AIの中核技術である機械学習を活用し、**映像や音声などを合成する技術**です。この技術は、**エンターテインメントや教育などの用途で有益**である半面、**情報操作や名誉毀損などに使われるリスク**も持ち合わせています。たとえばディープフェイクによる情報操作は、政治的な偏向、社会的な混乱、信頼性の損失などを引き起こしかねません。特に、政治的な文脈でのディープフェイクの利用が、大きな懸念材料となっています。

　最近の事例では、**ウクライナ大統領であるゼレンスキー氏の偽の動画**が発見されました。この動画では、ゼレンスキー氏の口の動きと音声が同期しているように見えますが、頭部が本人より大きいなど、細かい不一致がありました。ウクライナ政府は、このようなディープフェイクに対する警戒を発信し、市民に注意するように呼びかけています。

　ディープフェイクの不正使用に対処するには、一般大衆がこの技術を理解し、そのリスクを認識して、**メディアリテラシーを向上**させることが求められます。同時に、**ディープフェイク検出技術の開発**も必要です。また法的な観点では、ディープフェイクに関する法規制の整備が進行中です。虚偽情報の拡散防止や被害者の救済措置を強化するための法律が検討されています。

　ディープフェイクは、生成AI技術の進歩に伴う新たな課題です。技術的な対策、法的な枠組みの整備、一般大衆の教育などで、ディープフェイクのリスク軽減のために効果的な対策が求められています。

● ディープフェイク生成の流れ

データの収集 　特徴の学習 　データの合成

対象となる画像や
映像、音声などの
データを収集

収集したデータから顔
や音声などの特徴を抽
出して学習

抽出された特徴を使
い、元のデータから新
しいデータを合成

エンコーダとデコーダ
「エンコーダ」でモデルが理解しや
すい形式で特徴を抽出し、「デコー
ダ」で抽出された特徴を使って新
しいデータを生成

敵対的生成ネットワーク (GAN)
生成器と判別器のネットワークで
生成器が高精度のデータを生成し、
判別器がそれを見破ることを繰り
返すことで、本物に似せていく

● ディープフェイク対策の主な方針

ディープフェイクのリスク

情報操作や名誉毀損
などに使われる

政治的な偏向、社会的な
混乱、信頼性の損失など
を引き起こす

対策

技術的な対策
ディープフェイクで生成された
データの不自然さを検出し、本物
であるかどうかを見分けるディー
プフェイク検出技術などの開発

法的な枠組みの整備
虚偽情報の拡散を防止するため
の規制や、被害者を救済するため
の措置などを強化するための法
律を検討

一般大衆の教育
ディープフェイクの基礎的な技
術を理解し、そのリスクを認識さ
せ、メディアリテラシーを向上さ
せる

まとめ
☐ ディープフェイクは情報操作や名誉毀損のリスクがある
☐ 技術的な対策、法規制の整備、一般大衆の教育が必要

生成AIの倫理的利用のための
プライバシー保護

● 法規制と技術により生成AIが扱う個人情報を適切に保護

　生成AIの発展に対応するように、**個人情報保護法**やEU一般データ保護規則（**GDPR**：General Data Protection Regulation）のような**プライバシー保護の規制**も世界で拡大しています。これらの法規制は、プライバシー保護を強化し、データを安全・倫理的に利用できるようにすることが目的です。しかし、これらは施行に時間がかかり、システムや人材、体制などが追いつかない可能性があります。

　そのため、**プライバシー保護を強化する技術**（**PETs**：Privacy Enhancing Technologies）も重要になります。PETsは、データのプライバシー保護を強化し、高精度なデータ分析も可能にする技術です。なかでも「秘密計算」「差分プライバシー」「連合学習」といった技術が注目されています。これらの技術は、個人データの利用と保護のバランスをとり、生成AIの倫理的利用を支援します。

　また、**生成AIの意思決定プロセスの透明性**は、データ利用の信頼性を高めるために重要です。生成AIの決定に至るプロセスを明確にし、その理解を深めることで、誤解や悪用を防ぐことができます。また倫理的な観点では、生成AIの責任ある利用が求められます。利用者は倫理規範に基づき、生成AIの活用方法を決定することが重要です。

　生成AIに関連するデータプライバシーと倫理的利用には、技術的な対策と法的・倫理的な枠組みの両面（P.120参照）が重要です。PETsなどの技術の導入、法規制の見直し、国際的な協力体制と情報共有が、生成AIの健全な発展と社会への受容を支えます。

● プライバシー保護に必要な対策

プライバシー保護の法規制

プライバシー保護を強化し、データを安全・倫理的に利用できるようにするための法規制が世界で拡大

個人情報保護法

個人情報の有用性に配慮しながら、個人の権利や利益を守ることを目的とした法律。正式名称は「個人情報の保護に関する法律」

EU一般データ保護規則（GDPR：General Data Protection Regulation）

個人情報の保護という基本的人権の確保を目的とした規則。EUで2018年5月から適用開始

英国一般データ保護規則（UK GDPR）

個人情報の処理と英国国外への移転を行うための要件を定めた、処理・移転を行う者が遵守すべき規範や義務を定めた規則

プライバシー保護を強化する技術

法規則の施行までの時間を考慮し、新しい技術でプライバシー保護の強化を進めることも必要とされる

プライバシー保護を強化する技術（PETs：Privacy Enhancing Technologies）

個人情報の収集、処理、共有のリスクを抑え、プライバシー保護を強化するために利用される手法やツールの総称

秘密計算

データを暗号化したまま計算処理を行う暗号技術

差分プライバシー

ノイズを加えたデータでプライバシーを保護したまま分析する技術

連合学習

データの個人情報を秘匿しながら協働で機械学習を行う技術

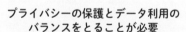

プライバシーの保護とデータ利用のバランスをとることが必要

生成AIの利用においては倫理規範に則った利用に配慮

国際的な協力体制と情報共有

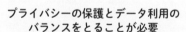

Part 6

AI活用で直面する法整備や課題

まとめ

□ プライバシー保護を強化する法規制の確立が世界で拡大
□ 法規制とともにプライバシー保護の技術（PETs）も重要

生成AIを導入する
組織における対応

● 組織で生成AIを活用するためのAIガバナンスを確立

　生成AIの導入に合わせ、組織は**AIガバナンス**を確立することが必要です。組織におけるAIガバナンスとは、AI技術を適切に利用するために、**社会的・倫理的なガイドラインに沿って活動の管理や統制を行うこと**を意味します。これには、データプライバシーの保護、生成AIの倫理的利用、リスクマネジメントなどが含まれます。

　国内では、**パナソニックグループ、日清食品グループ、ベネッセグループ、そのほかメガバンク**などがAIガバナンスに対応しています。これらの企業では、まずデータのセキュリティに対応し、従業員が業務で生成AIを活用できる環境を整えています。具体的には、不正確な情報が混在していてもリスクが低い場面や、唯一解がなく誤答が発生しにくい分野などから利用を進めています。

　また企業は、生成AIによる意思決定プロセスの透明性を確保し、不正使用を防止するために、**生成AIを監視・管理するしくみ**を取り入れています。生成AIの決定に至るプロセスを理解し、その結果が企業の倫理規範や組織文化などに適合するかを確認することが重要です。

　さらに企業は、**生成AIの運用も監視**しています。生成AIシステムの効果と精度を定期的に評価することで、生成AIのエラーや性能低下などを早期に発見し、適切な対策を講じることができます。

　企業は、生成AIの利用によって得られるメリットを最大化しつつ、潜在的なリスクを特定し、法的・倫理的に責任ある行動をとれるようにしておく必要があります。

● 技術面と運用面で管理が必要なAIガバナンス

> **AIガバナンス** AI技術を適切に利用するために、社会的・倫理的なガイドラインに沿って行う活動の管理や監視、統制

技術面
AI技術やAIシステムの管理

従業員が業務で生成AIを活用できる環境を構築

生成AIを監視・管理するしくみの導入

運用面
AIを運用する組織やしくみの管理

生成AIシステムの効果と精度を定期的に評価

● AIガバナンスに対応する主な企業のAI導入例

パナソニックグループ「ConnectAI」

生成AIによる業務生産性向上と、社員のAIスキル向上などを目的に、ChatGPTを使ったAIアシスタント「ConnectAI」の運用を推進している。そのなかで、同社固有の情報への質問に回答できないなどの課題があり、AIアシスタントの機能を拡大。カスタマーサポート業務への活用も目指す

日清食品グループの「NISSIN AI-chat」

セキュリティを考慮したグループ専用のチャット型生成AI「NISSIN AI-chat」を2023年4月に導入。これにより、従業員は生産性を向上させ、創造的な活動に注力できるようになった。日清食品グループは、新たなテクノロジーを積極的に取り込むことで、従業員自身や組織のさらなる成長を促進していく予定

ベネッセグループの「Benesse GPT」

Azure OpenAI Serviceを活用したAIチャットサービス「Benesse GPT」の運用を2023年4月からグループ社員向けに運用開始。社員はイントラネット上で、いつでもAIチャットサービスを使用でき、セキュアな環境下で業務効率化への活用や、商品開発に向けた技術活用の検証などが可能になった

まとめ	□ 生成AIの活用には、AIガバナンスの確立が必要 □ 生成AIとその運用を監視・管理するしくみが重要

生成AIによる
法的・倫理的な課題への対応

●リスクへの適切な対応が今後の生成AIの発展に不可欠

　生成AIの利用には、プライバシーや著作権の侵害、情報の誤用、ビジネスプロセスにおける不適合など、法的、倫理的、ビジネス的なリスクを含んでいます。これらの課題に対処するため、社会全体での対話と協力、法的・倫理的な枠組みの整備が求められます。

　組織においては、生成AIの導入と利用に関する**積極的かつ慎重なアプローチが必要**です。新しい生成AI技術を積極的に試しながらも、**致命的な失敗を避けるためのリスク管理とバランス**が求められます。また、実践的なテストと評価により、生成AIのメリットを最大化させ、同時にリスクを最小限に抑えるための戦略が必要です。具体的には、AIシステムの運用を監視し、エラーや性能低下などを検知するしくみの構築や、性能低下が発生した際の緩和策の策定などが求められます。

　また、生成AIのリスクを完全に排除することは難しいため、**リスクを低減するサービスやソリューションの開発**も期待されます。これには、生成AIのセキュリティ強化、データプライバシーの保護、法的コンプライアンスの確保などが含まれます。

　これらのリスクへの適切な対応が、今後の生成AI技術の健全な発展と社会への普及を左右します。企業や政府、教育機関、市民が共同で、倫理的かつ効果的な生成AI利用のための方策を模索することが必要とされています。

● 企業のAI倫理原則の例

パナソニックグループのAI倫理原則

お客様に寄り添い、幸せをもたらす企業であり続けるため、AIを適正に利用すると同時に、重大な課題や不利益を抑制する目的で定めたAI倫理原則。AIを主要事業領域とかけあわせることで、人々の暮らしの課題を解決する製品やサービスを生み出し、よりよい社会を実現することを目指す

▼

「よりよい暮らしとよりよい社会」を実現すること

AI製品やサービスがお客様個人や社会、環境に与える影響を考慮し、お客様の暮らし、社会・環境がよりよくなると見込まれる場合にそれらを提供する。提供後も、お客様の暮らしや社会・環境に与える影響を評価し続け、その結果を製品とサービスに反映させる

安全のための設計、開発、検証を行うこと

AI製品とサービスの安全を第一に考え、安全確保のための技術開発を行い、技術的知見を吸収し、それらを設計に反映させる。お客様に提供後も、安全確保のための必要な対応を行う

人権と公平性を尊重すること

AI製品やサービスの提供にあたり、人々の多様性を尊重し、差別をはじめとする不公正な影響が生じないよう努める。このため、グループ社員に対して必要な教育を実施

透明性と説明責任を重視すること

お客様や関係する皆様に、AIの動作に関して透明性を重視し、AIの技術開発と設計を行う。また、AI製品やサービスがもたらすと思われる影響について、お客様の求めに応じて情報提供をする

お客様のプライバシーを保護すること

関連法規およびパナソニックにおける関連社内規程に従い、お客様のプライバシーを尊重し、お預かりした情報を適切かつ安全に管理する

まとめ
☐ 生成AIの法的・倫理的なリスクに社会全体で対応
☐ 組織の積極的なAIの導入とリスクの管理が重要

生成AIに頼ると人間は衰えるのか？

　便利なツールが登場するたびに、「こんな便利なものを使うと人間は衰える」といった論争が巻き起こります。電話やパソコン、スマートフォンなどの普及により、電話番号を覚えている人は減り、書ける漢字の数も減ったかもしれません。

　実は人間の脳は、農耕時代を経て徐々に小さくなってきているという研究結果があります。現代人の脳は3万年前と比べ、約10％縮小しているそうです。しかし科学者たちは、これは知能の低下ではなく、脳がより効率的に「進化」した結果と捉えています。生成AIの登場により、人間の脳の一部の機能が縮小することは十分に考えられます。しかし、それは必ずしも悪いことではありません。むしろ、生成AIと協力することで、人間はより高度な知性を発揮できるようになるかもしれません。

　大切なのは、生成AIを道具として上手に活用し、人間の知性と融合させていくことです。生成AIにすべてを任せるのではなく、対話をしながら、お互いの長所を生かし合うことが重要です。

　生成AIの登場は、人間の知性のあり方を大きく変えるかもしれません。それは知性の低下ではなく、新たな進化の始まりともいえます。AIと人間が共存し、互いに高め合う社会の実現に向けて、私たちは今、一歩を踏み出そうとしているのかもしれません。

　個人としての能力が高い人間より、AIと協力して生産性を高める人間のほうが、これからの社会では求められるでしょう。生成AIの発展は、人間の知性のあり方を問い直すよい機会です。AIとともに進化していくことが、これからの時代を生き抜くための鍵となるのではないでしょうか。

Part

7

今後の可能性と戦略を知る

目覚ましい進化を遂げる
生成AIの事例

文章生成AIの事例とその課題

● コミュニケーションツールや対話型コンテンツに活用

　生成AIの応用例として、まずは文章生成AIをみてみましょう。文章生成AIには、私たちが日常生活で話したり書いたりする自然言語をコンピューターに処理させる「**自然言語処理（NLP）**」の技術が用いられています。この技術により、文章生成AIは単語や文、文脈などの入力内容に応じて考え、文章を生成します。

　また文章生成AIは、時間と資源の節約にも貢献しています。たとえば、Staywayが提供する補助金クラウドサービスは、文章生成AIを活用することで、通常20時間ほどかかる**補助金申請の書類作成をわずか12分で完了**させるなど、申請プロセスの大幅な短縮が図られています。このサービスは、補助金申請に関する情報提供から相談対応、申請支援までを一貫してサポートし、企業が利用可能な補助金を自動的に判別して書類を生成します。

　また、教育業界でも文章生成AIの活用が進んでいます。たとえばベネッセコーポレーションは、生成AIを活用した**テスト問題の自動作成・採点**に取り組んでいます。学習内容や指導計画に基づき、テスト問題と解答の素案を生成するシステムを開発し、教員のテスト作成にかかる負担を大幅に削減することを目指しています。

　ただし、**文章生成AIには限界**もあります。たとえば、複雑な内容の処理では、人間のレベルに達していない場合があります。また、**事実に基づかない情報（ハルシネーション）、偏見やバイアスを含む内容の生成**などのリスクがあります。将来的には、高度な自然言語処理と機械学習により、これらの課題は解決される可能性があります。

● 文章生成AIの例

文章執筆AI "ELYZA Pencil"

> **キーワードの入力から約6秒で日本語の文章を生成できる生成AI。**
> **AIスタートアップのELYZAが開発**

日本語でキーワードから文章を生成できる生成AIの一般公開は国内初	東大生に比べて執筆時間は56分の1、流暢性は同水準という結果（社内検証）	全国民のホワイトカラー業務の10％以上をAIで代替できる可能性あり

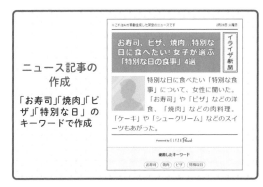

ニュース記事の作成

「お寿司」「焼肉」「ピザ」「特別な日」のキーワードで作成

メール文の作成

「黒ヤギ様」「白ヤギ」「手紙」「読まずに食べてしまう」のキーワードで作成

画像：「文章執筆 AI ELYZA Pencil」の Web サイトより

まとめ	□ 文章生成AIは時間と資源の節約や効率化・自動化に貢献 □ 技術の進歩による精度の向上と豊かな表現の生成に期待

画像生成AIの事例とその課題

● 制作プロセスの変革とともに著作権の課題などが浮上

　画像生成AIは、大量の画像データで学習し、文字や音声などによる指示（プロンプト）に基づき、オリジナルの写真やイラストなどの画像を生成する技術です。**代表的なモデルには「Midjourney」「Stable Diffusion」「DALL・E」**などがあります。Midjourneyは、チャットアプリ「Discord」を使ってメッセージを送信すると、その内容に応じた画像を生成できます。画像生成は有償プランでのみ使えます。Stable Diffusionは、オープンソースの画像生成AIで、Webアプリなどを利用して画像を生成します。日本語への対応や日本文化への理解に特化した「Japanese Stable Diffusion XL」も開発されています。DALL・Eは、OpenAIが提供する画像生成AIで、現在は「DALL・E3」まで改良が進んでいます。

　アートやデザイン、エンターテインメントなどの分野では、画像生成AIにより高品質な画像を即座につくり出せるので、制作プロセスが劇的に変化しています。また、ゲームや映画の分野では、キャラクターや背景などを短時間で生成でき、制作効率が向上しています。

　しかし、**画像生成AIにも技術的な限界**があります。たとえば、複雑な指示や抽象的な概念の理解と表現は、現在の技術ではまだ十分にできません。また、著作権やオリジナリティといった法的・倫理的な課題も浮上しています。今後の画像生成AIの発展は、これらの技術的な限界の克服と、法的・倫理的な課題への対応が鍵となるでしょう。画像生成AIが抱える可能性と限界を見極めつつ、それを社会でどう実現していくかが、今後の大きなテーマとなります。

● 「Midjourney」と「Stable Diffusion」の主な特徴

Midjourney

- 開発元：Midjourney
- 提供開始：2022年7月
- 画像生成は有償プランのみ
- 単語や文章などから画像を生成
- チャットアプリ「Discord」からメッセージを送信して画像を生成
- 生成できる画像はリアルなタッチの写真からイラストまで幅広く、画像のスタイルを指定することも可能

Stable Diffusion

- 開発元：Stability AI
- 提供開始：2022年8月
- Diffusion Modelを搭載したオープンソースの画像生成AI
- 無償で使用可能
- 単語や文章などから画像を生成
- Webアプリからの利用や、プログラムコードによる生成などが可能
- 日本語への対応などに特化した「Japanese Stable Diffusion XL」もある

● OpenAIの画像生成AI「DALL·E3」の改良

ChatGPTと連動
ChatGPTに入力した文章で画像を生成し、ChatGPTから画像の修正も可能

複雑な指示を理解
複雑な指示を理解し、ユーザーの意図に合った画像を生成しやすく改良

倫理的利用への配慮
存命のアーティストをまねた画像を生成できないなど著作権や倫理性にも配慮

画像生成AI「DALL·E3」で生成した画像の例

「鉢植えの植物のなかに座り、微笑みながら猫を優しく抱きしめる女の子と、満足そうに喉を鳴らす猫のペーパークラフトアート」といった複雑な指示にも対応

画像：OpenAIのWebサイトより

まとめ	□ 画像生成AIはアートやエンターテインメントで変革を促す
	□ 複雑な指示や抽象的な概念の理解などが困難な場合もある

音声生成AIの事例とその課題

▶ 特定の声の生成や音楽、ゲーム、翻訳などへ応用

音声生成AIは、音声データから特徴を学習し、オリジナルの音声を生成する技術です。音声の合成やスピーチの作成だけではなく、音楽やオーディオブックの制作などにも活用されています。この技術は、人間の声の模倣を超え、**新たな音楽のジャンルの創出やリアルタイムでの翻訳**などへも応用が可能です。音楽業界では、音声生成AIを用いた新曲の作成や既存曲のリミックスが行われ、新たな音楽体験が提供されています。

たとえば、ディー・エヌ・エー（DeNA）が開発した**スマートフォンによるリアルタイム音声変換技術**は、特定の話者だけではなく、多様な声への変換が可能で、ユーザーがゲームやライブ配信などで任意の話者の声になれる新たな体験を提供しています。この技術は高品質かつ低コストであり、幅広い分野への応用が期待されます。

またビジネスコミュニケーションでは、音声生成AIを用いて**スピーチを生成したり、カスタマーサービスの自動応答の声を生成したりすることが可能**で、効率的かつ個別化されたコミュニケーションが実現しています。教育業界では、多言語対応の教材制作や発音練習ツールとしての利用が広がっており、学習効果の向上が期待されています。

しかし、音声生成AIの技術的な進歩にも、著作権やオリジナリティに関する課題や、たとえば偽のスピーチの作成や誤用といった倫理的な課題などが伴います。これらの課題に適切に対処することが、今後の音声生成AIの持続可能な発展にとって不可欠です。

● 音声生成AIのしくみの例

> **音声生成AI** 音声データから特徴を学習し、オリジナルの音声を生成する技術。音楽のジャンルの創出やリアルタイムでの翻訳などへも応用可能

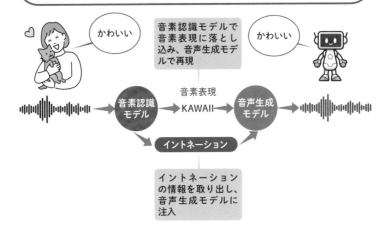

出典：DeNA ENGINEERING BLOG「理想の声を目指して 〜七声ニーナの音声変換技術からライブ配信応用へ〜」(2022.06.09) を参考に作成

● 音声生成AIの応用例

ビジネスコミュニケーションの例
- 音声の合成
- スピーチの生成
- カスタマーサービスの自動応答　など

音楽業界の例
- 音楽のジャンルの創出
- 新曲の作成
- 既存曲のリミックス　など

教育業界の例
- 多言語対応の教材制作
- 発音練習ツール
- 視覚障がい者向けの教育資料　など

メディア業界の例
- オーディオブックの制作
- リアルタイムでの翻訳
- ゲームやライブ配信の声　など

まとめ
- ☐ 音声生成AIは声の生成だけでなく音楽や翻訳などへも展開
- ☐ 技術的・倫理的課題への対応が今後の発展に重要

動画や3Dモデルを生成する
AIの事例とその課題

● 動画や3Dモデルなども生成可能で、表現の可能性が拡大

　生成AIでは、**動画や3Dモデルなど**のデータやコンテンツも生み出せるようになっています。たとえば動画生成AIは、文章・音声による指示や画像などからオリジナルの動画を生成する技術です。現実世界を再現したり仮想世界を描写したりすることに活用でき、映画や動画コンテンツの制作などで可能性を広げています。

　また、3Dモデルを生成するAIも登場しています。3Dモデルとは、3次元的に立体で描かれたモデルデータのことで、ゲームやバーチャルリアリティ、建築設計などの分野で必要とされる技術です。3Dモデルを生成するAIには、米OpenAIの「**Point-E**」、米Googleの「**DreamFusion**」、米NVIDIAの「**Magic3D**」などがあり、大手企業が積極的に開発を進めています。これらは、コストのかかる3Dモデルの制作を自動で行えることが注目されており、仮想世界の制作という新たなニーズも高まっています。

　これらの技術を使えば、たとえば映画業界やゲーム業界では、**従来の制作プロセスが大幅に短縮**されるだけではなく、これまで以上にリアルな表現もできるようになります。また教育業界では、**リアルタイムの動画生成を活用したインタラクティブな学習ツール**が開発されるなど、学習手法の選択肢が広がっています。

　これらの技術にも著作権やプライバシーの課題があり、現実世界と仮想世界の区別が困難になるなど、新たな課題も生まれています。またリアルな表現が可能な一方、オリジナリティや著作権の帰属が複雑化しており、法的・倫理的な課題解決が求められるでしょう。

● 動画生成AIの代表例

動画
生成AI
文章・音声による指示や画像などからオリジナルの動画を生成する
技術。現実世界を再現したり仮想世界を描写したりすることが可能

Stable Video Diffusion
- 開発元：Stability AI
- 提供開始：2023年11月
- 動画生成は無償だが商用利用は不可
- 画像を入力して動画を生成
- 画像から14フレームおよび25フレームを生成できる2種類のモデル
- 毎秒3～30フレームのフレームレートで生成できる

Lumiere
- 開発元：Google Research
- 発表：2024年1月発表
- 現時点では論文とデモ動画の公開
- 文章や画像から動画を生成
- 文章でスタイルの指示を行って動画を編集することも可能
- 動画全体のフレームを生成することでスムーズな動画を生成

● 3Dモデルの生成の影響と課題

3Dモデル
生成AI
3次元的に立体で描かれたモデルデータを自動で生成する技術。
ゲームやバーチャルリアリティ、建築設計などの分野で必要

エンターテインメントへの影響
- バーチャルリアリティ（VR）やメタバースなどの開発に活用可能
- 演劇やイベントなどの舞台やセットのデザインなども行える
- 3Dプリンターと連携して3Dモデルデータを出力する　など

映画・ゲーム業界への影響
- キャラクターや背景、アイテムの作成、特殊効果の設定などに活用
- 従来の制作プロセスが大幅に短縮
- 従来の技術と組み合わせることで、よりリアルなビジュアル表現が可能

など

課題

- 現実世界と仮想世界の区別が困難になるなどの新たな課題
- 高品質で複雑な生成を行うには大量の計算リソースが必要　など

まとめ
☐ AIによる生成は、動画や3Dモデルなどにも発展している
☐ 現実と仮想の区別がつかないなどの課題にも対処が必要

対話型AIの事例とその課題

● AIとの対話によりユーザー体験や業務効率を向上

対話型AIとは、人間による文章や音声などの入力に対して、文脈を踏まえた自然な内容で応答をするAIのことです。対話型AIは、**カスタマーサービスや教育、エンターテインメント**などの分野で応用が進んでいます。たとえば、ChatGPTなどの対話型AIは、顧客とのやり取りや組織内の情報共有などを自動化することで、ユーザー体験の質の向上や業務効率化などを図っています。

教育業界では、対話型AIによりカスタマイズできる学習支援ツールが開発され、生徒一人ひとりのニーズに合わせた個別指導を実現しています。またエンターテインメントでは、対話型AIを用いたインタラクティブなコンテンツが登場し、ユーザーの選択がストーリー展開に影響を与える新しい体験が提供されています。

たとえばアスクルは、マイクロソフト「Azure OpenAI Service」を活用した**従業員向けの対話型AIツールの運用**を開始しました。このツールでは、同社専用の対話型AIを、グループのスレッドなどに追加して利用できます。それにより従業員は、セキュリティが担保された環境で対話型AIとやり取りでき、アイデアの立案、文章の要約や翻訳、報告書の作成など、多様な業務に活用可能です。

これらの技術は、新しい教育手法やエンターテインメントの開発に貢献していますが、データプライバシーの保護、誤解を招く情報の削減、人間とのコミュニケーションの代替による倫理的な課題なども伴います。これらの課題に適切に対処することが、今後の対話型AIの発展に不可欠です。

● 対話型AIの活用の事例

> 対話型AI　人間による文章や音声などの入力に対して、文脈を踏まえた自然な内容で応答をするAI

社内チャット

社内チャットで対話型
AIをスレッドに追加
し、ダイレクトメッ
セージ（DM）などに
より対話型AIとやり
取りできる

対話型AI

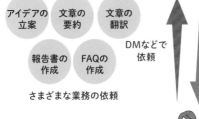

アイデアの
立案　　文章の
要約　　文章の
翻訳

報告書の
作成　　FAQの
作成

さまざまな業務の依頼

DMなどで
依頼

対話型で
の応答

業務効率化

デジタル
リテラシーの向上

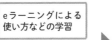
eラーニングによる
使い方などの学習

情報の共有のための
社内勉強会

従業員

ツール導入にあたり社
内で教育体制を構築
し、基本的な使い方、セ
キュリティ上の注意、
AIへの質問のコツなど
を習得させる

教育業界での活用例
対話型AIでカスタマイズできる学習
支援ツールの開発により、生徒一人ひ
とりのニーズに合わせた個別指導な
どを実現

エンターテインメントでの活用例
対話型AIを用いたインタラクティブ
なコンテンツが登場し、ユーザーの選
択がストーリー展開に影響を与える
新しい体験などを提供

Part
7

目覚ましい進化を遂げる生成AIの事例

まとめ	□ 対話型AIは教育やエンターテインメントなどで応用が進む □ ビジネスでも対話によるやり取りで多様な業務に活用可能

既存の製品やサービスに
生成AIを組み込む戦略

● 生成AIの組み込みによる拡張性や訴求力の向上

　生成AIは、**既存の製品やサービスに組み込んで利用**することもできます。その一例が、米Adobe（アドビ）の提供する画像生成AI「**Firefly**（ファイアフライ）」です。Fireflyでは、ユーザーが「夕暮れの海辺にいる犬」といった**文章で指示を入力すると、高品質な画像や装飾文字などを数秒で生成**できます。この技術は、試験公開以降、20億点以上のコンテンツを生み出し、Webアプリとしても提供されています。

　またAdobeは、デザインソフトの「Photoshop」や「Illustrator」にFireflyを組み込み、契約ユーザーが**それぞれのソフトウェアからFireflyを使って被写体や背景などを生成**できるように設計しました。このように既存のサービスが拡張されることで、デザインプロセスの短縮やクリエイティブな作業の効率化が図られ、新しいビジネスモデルやユーザー体験を実現しています。

　ただしこれらの技術には、デジタルコンテンツ特有の著作権侵害やフェイク画像の創出といった課題も伴います。そういった課題に対応するため、Adobeでは著作権侵害の恐れのないコンテンツをFireflyの学習に用い、それらを提供するクリエイターに報酬を支払う新たなしくみを構築しています。また、**Fireflyで生成した画像には署名が入り**、さらに編集した人の名前や日付、内容などの参考情報も付加できます。これにより、生成されたコンテンツの信頼性を高めるとともに、安全に利用できることで訴求力を高めることにもつなげています。

● Adobeの画像生成AI「Firefly」の主な特徴

プロンプト 「夕暮れの海辺にいる犬」

数秒で画像を生成

Fireflyでできること

高品質な
画像生成

モデルバージョン
Firefly Image 2 NEW

縦横比
□ 正方形 (1:1)

コンテンツタイプ　○自動
写真 ✓　アート

視覚的な適用量

スタイル
∨ 一般

画像の
種類を選択
できる

画像にスタ
イルを適用
できる

オブジェク
トの削除や
描画が
できる

オブジェク
トを移動で
きる

装飾文字も　3Dの画像も
生成可能　　生成可能

● 生成AIを活用したAdobeの主な戦略

他ソフトへの組み込みで拡張性を増大

PhotoshopやIllustratorなどにFireflyを組み込み、契約ユーザーがそれぞれのソフトウェアからFireflyを使って被写体や背景などを生成できるように設計

3Dや動画なども生成可能

文章による画像生成だけではなく、装飾文字や動画、3D、ブラシ、ベクター、テクスチャなど、幅広いメディアをテキスト入力によって生成・編集できる

著作権の問題をクリアした画像生成

FireflyのAIモデルの学習に、Adobe Stockなどの使用許諾を受けたコンテンツや著作権の切れたコンテンツを使用することで、安全な商用利用を可能に

安全で信頼性の高いコンテンツ

Fireflyで生成した画像には署名が入り、さらに編集した人の名前や日付、内容などの参考情報も付加できることで、コンテンツの信頼性を高め、訴求力を向上

まとめ
- □ 生成AIの組み込みにより既存製品を拡張させる
- □ 著作権侵害のない画像の活用や署名の挿入などの対策

145

生成AIの課題解決を目指す
新たなビジネス戦略

● 生成AIの信頼性を高めるための技術とビジネスが登場

　革新的な技術の開発とその応用により、生成AIの課題解決を目指す新興ビジネスも生まれています。たとえば富士通は、対話型AI（P.142参照）の回答結果のハルシネーション（P.18参照）を検出する「**幻覚検出技術**」と、フィッシングサイトのURLを検出する「**フィッシングURL検出技術**」を開発しました。これらの技術は、生成AIの回答結果の信頼性を高めるために重要であり、組織の業務プロセスや顧客サービスの質を向上させる効果が期待されています。

　幻覚検出技術は、生成AIがデータに基づかない誤りを含む回答を出力する問題に対処します。この技術は、生成AIが**回答文の意味解析を行い、ハルシネーションが生じやすい固有表現を特定して重点的に確認**することで、誤りを検出します。

　またフィッシングURL検出技術は、生成AIに悪意のある情報を学習させ、フィッシングサイトのURLを出力させようとする問題に対応します。この技術により、**AIを騙そうとする敵対的攻撃が含まれるフィッシングサイトのURLを検出**し、ユーザーにリスクの高いURLを伝えることができます。

　富士通はこれらの技術を「Fujitsu Kozuchi」と呼ばれるAIプラットフォームの対話型AIに搭載し、法人向けの実証実験環境だけではなく、個人向けのトライアル環境としても提供する予定です。

　生成AIを活用したこうしたビジネスは、組織が市場で競争優位を築くうえで重要な要素です。これらの技術開発は、ユーザーに新しい選択肢を与え、ビジネスの枠組みを変えていくでしょう。

● 富士通の対話型AIの信頼性を高める技術

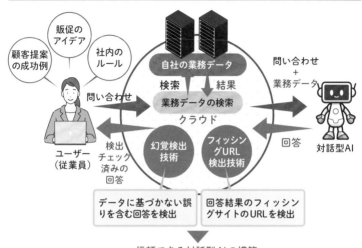

信頼できる対話型AIの構築

出典：富士通株式会社「対話型生成AIの幻覚やAIを騙す敵対的攻撃に対処できるAIトラスト技術を開発し、「Fujitsu Kozuchi (code name) - Fujitsu AI Platform」で提供開始」（2023年9月26日）を参考に作成

● 富士通の構築するAIプラットフォームの例

AIプラットフォーム　「Fujitsu Kozuchi」

ビジネスの生産性と創造性を拡張するAIプラットフォーム。

Fujitsu Kozuchiの7つの領域

Generative AI	AutoML	Predictive Analytics	for Text
生成AIと人間が自然言語や非定型データなどでやり取りするインタフェース	AIモデルの設計、構築、調整を自動で行える自動機械学習の技術	多様な商品に合わせた需要予測や将来予測などが行える	自然言語処理技術を通じてデジタル化されたテキストデータの加工・分析を行う

for Vision	AI Trust	XAI
人間の姿勢や形状、動き、文字認識などをデジタル化し、分析・判断を行える	AIの学習データや判断の公平性をWebブラウザから簡単に検証できる	AIの出力結果の因果関係を説明。判断結果の説明や現場改善の提示など

出典：富士通株式会社「サービス Fujitsu Kozuchi」を参考に作成

まとめ
☐ 生成AIの信頼性を高めるための技術開発が進んでいる
☐ 富士通は幻覚とフィッシングサイトの検出技術を開発

生成AIのポジティブな影響と
ネガティブな課題

▶ 生成AIの可能性を生かしながら課題に慎重に対処する

　これまでにみてきたように、生成AIの発展は、働き方やコミュニケーションなど、さまざまな分野に影響を及ぼしています。そしてその影響には、人間の可能性を広げるポジティブな側面と、新たな課題やリスクをもたらすネガティブな側面があるといえます。

　生成AIのポジティブな側面としては、生成AIを活用することで情報の流れが活性化され、新たなコンテンツやサービスなどが生み出されています。ビジネスでは、**DXの加速やビジネスモデルの変革**などをもたらし、業務効率化や価値創造などが実現しています。

　一方、生成AIのネガティブな側面としては、生成AIが普及することで**プライバシーや著作権の侵害、フェイクニュースの拡散**といった課題が発生しています。これらの課題に対処するためには、法規制の整備や倫理的なガイドラインの策定が急務です。特にデータプライバシーとセキュリティの課題では、プライバシー保護とデータ利用のバランスをどのようにとるかを考えることが大切です。

　また、業務の自動化が進展することで、**雇用環境も変化**し、新しい知識やスキル、職種の需要が高まっています。

　生成AIはおおむね、社会にポジティブな影響を与える側面が強いといえますが、その利用には慎重さが求められます。また、生成AIの進展に柔軟に対応できない組織は、**市場競争で後れをとり、組織間の格差が広がる**リスクもあります。生成AIの可能性を最大限に生かすとともに、発生する課題に適切に対処していくことが、今後の成功の鍵となるでしょう。

◉ 生成AIが社会へ及ぼす主な影響

●ポジティブな側面

変化	・情報の流れが活性化される

▼

新たなコンテンツや
サービスが誕生

生成AIの進展に柔軟に対応し、
市場での競争優位を確立する
ことが重要

変化	・DXの加速 ・ビジネスモデルの変革 　など

▼

業務効率化や価値創造などが実現

組織の状況を的確に把握し、
現場に合った導入の
方策を検討

●ネガティブな側面

課題	・プライバシーの侵害 ・著作権の侵害 ・フェイクニュースの拡散　など

▼

法規制の整備や倫理的な
ガイドラインの策定が急務

プライバシー保護とデータ利用の
バランスをとることが大切

変化	・業務の自動化が進展することで、雇用環境が変化

▼

新しい知識やスキル、
職種の需要が高まる

雇用環境を見定めながら
主体的に知識やスキルなどを
習得していくことが重要

まとめ	□ 生成AIはDXの加速やビジネスモデルの変革などをもたらす □ 課題に対処しながら柔軟に取り入れ、競争優位につなげる

生成AIを社会課題の解決へ
応用する取り組み

◉ 大量のデータを処理することで新たな解決策を見出す

生成AIは、環境や医療、公共サービスなどの社会課題の解決へも応用されるようになっています。その背景としては、これまで人間の手作業では難しかった**大量のデータ処理を生成AIが行うことで、新たな解決策を見つけられる**ようになったことが挙げられます。

たとえば環境問題では、生成AIが気候変動に関する複雑なデータセットを分析することで、**将来の気候変動パターンを予測**できます。これにより、環境保護対策やリスク管理などが科学的かつ具体的なものになり、より効果的な対策を実施できるようになります。

医療では、生成AIの応用により、膨大な医療データの分析が可能になり、病気の早期発見や新しい治療方法の開発などにつなげています。特に、がん診断や遺伝性疾患の研究で、**病理画像の分析や遺伝子配列の解読などが効率化**され、医療の精度が高まっています。

また公共サービスでは、たとえば生成AIによる交通データの分析と予測により、**都市計画における交通量の最適化**などが実現しています。行政サービスでも、**文書の自動生成や問い合わせへの迅速な対応**などが可能になり、サービスの利便性が向上しています。

このように生成AIを活用することで、より広範かつ詳細にデータを分析できるようになり、これまでに見逃されていた視点からの考察や解決策の検討などが可能になっています。これまでは大きなコストをかけて対応することができなかった領域でも、高い性能をもった生成AIが社会を改善していくことが期待されます。

● 生成AIの社会課題の解決の例

環境問題への応用

環境保護対策

気候変動に関する複雑なデータセットを分析することで、将来の気候変動パターンを予測

環境モニタリング

センサーなどから大気、水質、土壌などの環境データをリアルタイムに収集し、環境を管理

エネルギーの最適化

エネルギーシステムなどの需給データを分析し、エネルギーの使用効率を最適化

医療への応用

病気の早期発見など

MRIやCTなどの医療画像の解析により病変や異常を検出し、がんの早期診断や疾患進行を予測

治療方法の開発など

がん診断や遺伝性疾患などの研究で、病理画像の分析や遺伝子配列の解読などが効率化

患者データの分析

患者の遺伝子情報や臨床データなどを解析し、個々の患者に個別化された医療を提案

公共サービスへの応用

交通量の最適化

交通データの分析と予測により、都市計画における交通量を最適化

施設のメンテナンス

公共の施設やインフラのメンテナンス予測を行い、必要な保守や修繕を事前に計画

行政サービスの効率化

文書の自動生成や問い合わせへの迅速な対応などをできるようにし、サービスの利便性を向上

● そのほかの主な社会課題への貢献

コミュニケーションのサポート

災害時の情報伝達や他言語の同時翻訳、障がい者のコミュニケーションなど

犯罪の予測と防止

犯罪予測により警察などが犯罪の発生リスクを評価し、効果的な予防策を実施　など

災害対応と救援計画

災害の発生や進行状況などを正確に評価し、救援活動や救援計画を最適化など

まとめ	□ 生成AIは環境や医療などの課題へのアプローチにも有益 □ データを広範かつ詳細に分析し、解決策の精度を向上

さらに精度が向上する
マルチモーダルAIの開発

● 複数の種類のデータを処理できる生成AI

　生成AIの現状の課題のひとつは、文章や画像など、扱えるデータの種類が1種類のみのもの（**シングルモーダル**）が多いことです。これを複数の種類に対応させ、「**マルチモーダルAI**」**として機能させることで、生成AIの応用範囲がさらに広がる**ことが期待されています。マルチモーダルAIの主な利点としては、**出力精度の向上、人間に近い判断、高度な性能の習得**が挙げられます。

　最近では、AIのマルチモーダル化に向けたさまざまな取り組みが行われています。たとえばOpenAIは、従来のGPT-4に画像解析機能を追加した**GPT-4V**を開発しました。GPT-4Vは、テキストに加えて画像の入力も可能であり、**画像とテキストを組み合わせた対話**ができます。画像を用いたプログラミングコードの生成、視覚的なデータをもとにした推論や分析などが可能になりました。

　Googleは、生成AIである**Gemini**（P.60参照）のマルチモーダル化を進めています。Geminiでは、**テキスト、画像、音声、動画を受け取ってテキストと画像を生成**でき、画像の認識や分類、動画の解析、オブジェクトの検出などを実行できます。

　Sakana AIは、生成AIの既存のモデルを融合する技術を開発しました。日本語と数学、日本語と画像など、異なるモデルを組み合わせ、文化的知識が必要な数学問題の解決や、方言でジョークを言うなど、高度な日本語処理能力をもつモデルの開発に成功しています。

　マルチモーダルAIは、複数の種類のデータを統合して処理することで、入力された情報を詳細に理解でき、出力の精度が向上します。

● シングルモーダルとマルチモーダルの違い

●シングルモーダルAI

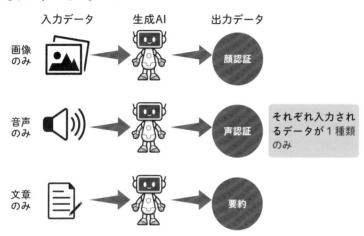

●マルチモーダルAI

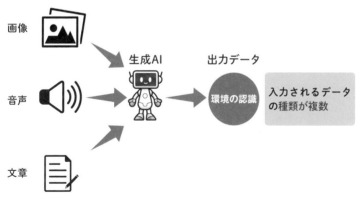

出典：国立研究開発法人 産業技術総合研究所「産総研マガジン"マルチモーダルAI"とは？」を参考に作成

まとめ	☐ マルチモーダルAIの開発で生成AIの精度がさらに向上
	☐ 人間に近い判断と高度な性能の習得が期待されている

生成AIの未来と可能性

● 生涯を寄り添うAIと社会の変革

生成 AI の課題が解決された将来には、**「汎用型 AI」が実現**され、生成 AI は**人間に寄り添う存在になっていく**と考えられます。汎用型 AI とは、人間のようにさまざまなタスクに対応できる汎用性をもった AI のことです。汎用型 AI は、人間の**生活や仕事に自律的に関わり支援を行い**ます。文章だけではなく、画像や音声、動画、IoT などの**多様な情報を統合し、より複雑で高度な判断やコンテンツ生成を行う**ようになるでしょう。

この進化により、生成 AI は**ホワイトカラーが担っていた仕事を代替していく**ことが予想されます。生成 AI が複数の情報を統合し、それらをもとに高度な判断を下すようになれば、さらなる業務プロセスの効率化、意思決定の質の向上、そして創造的なアイデアの提案などにつながるでしょう。

また、生成 AI と人間の相互のやり取りは、より自然で直感的なものになり、社会における生成 AI の存在は大きく変わっていくと考えられます。生成 AI は単なるツールではなく、**個人のアドバイザーやパートナー**の役割を果たすようになり、日々の生活での計画や判断などにも影響を及ぼすことになります。さらに生成 AI の進化は、新たな市場の形成を促し、生成 AI が考案した製品やサービスが登場して、消費体験や企業運営などに革新をもたらすことでしょう。

生成 AI は、社会に大きな影響を与え得るものです。その影響は、私たちの生活や働き方はもちろん、考え方や価値観などまで、広く深い範囲にわたるものになるでしょう。

▶ 特化型から汎用型への生成AIの進化

現在の生成AI

技術的な課題　法的・倫理的な課題　さまざまな脅威やリスク　など

特化型AI
決められたタスクは人間以上の性能を発揮して実行できるが、それ以外のタスクはできない

人間が活用するツールのひとつ

技術の革新 → 課題の解決

未来の生成AIのイメージ

マルチモーダルの実現　法的・倫理的な枠組みの整備　AIとの共存共栄　など

汎用型AI
人間のようにさまざまなタスクを実行できる汎用性をもったAI

人間のアドバイザーやパートナーとしての存在

▶ 生成AIがもたらす将来の主な変革

より高度なコンテンツ生成
画像や音声、動画などの多様な情報を統合し、より複雑で高度な判断やコンテンツ生成を行う

ホワイトカラーの作業の代替
マーケティングやコンサルティングなど、ホワイトカラーの仕事を生成AIが行うようになる

個別化されたサービス提供
人間の行動や嗜好を高度に学習し、個別にカスタマイズされたサービスが提供される

コミュニケーションの変革
生成AIとのコミュニケーションは自然で直感的なものになり、日常的な計画や判断も担う

新たな市場の形成
生成AIが考案した製品やサービスが登場し、消費体験や企業運営などに革新をもたらす

まとめ	□ 生成AIの進化によりAIは人間のパートナーになっていく □ 生成AIは社会や生活、働き方、考え方などを革新する存在

マルチモーダルによる生成AIの真の可能性

　近年、SNSなどで画像や動画を生成するAIが大きく注目されています。確かに、AIが生み出すリアルな画像や動画は、私たちを魅了してやみません。しかし、生成AIの真の可能性は、画像や動画の生成にあるのではありません。

　生成AIにとって特に重要なのは、テキスト以外のさまざまな種類の情報を入力として受け取れるかどうかです。以前、ChatGPTのアプリケーションの音声対応に関するニュースがありましたが、これは音声をテキストに変換し、そのテキストを処理して再び音声に戻すというしくみでした。真の意味でのマルチモーダルな（複数の種類への）対応とはいえません。

　マルチモーダルAIは、テキスト以外のデータも直接処理できます。たとえば、写真に写っている人の表情から感情を読み取ることもできれば、着ている服の値段を予測することも可能です。これらをテキストに変換すると、情報の細部は失われます。今後、生成AIに音声や画像、動画などを直接入力できるようになれば、より高度な判断が可能になるでしょう。話者の怒りや喜びなどの感情、周囲の状況など、テキストでは表現しきれない情報も生成AIが読み取り、適切に対応できるようになるのです。

　生成AIの発展は、単に画像や動画をつくれるようになることだけが重要なのではありません。私たちの日常にあふれるさまざまな情報を、生成AIが直接理解し、処理できるようになること。それこそが、生成AIの真の可能性なのです。テキストという限られた形式に縛られない、マルチモーダルAIの登場により、私たちの生活はより豊かで便利なものになっていくことでしょう。

Index

■ 問い合わせについて

本書の内容に関するご質問は、QRコードからお問い合わせいただくか、下記の宛先までFAXまたは
書面にてお送りください。なお電話によるご質問、および本書に記載されている内容以外の事柄に
関するご質問にはお答えできかねます。あらかじめご了承ください。

〒162-0846
東京都新宿区市谷左内町21-13
株式会社技術評論社　書籍編集部
「60分でわかる! 生成AI ビジネス活用最前線」質問係
FAX:03-3513-6181

※ご質問の際に記載いただいた個人情報は、ご質問の返答以外の目的には使用いたしません。
　また、ご質問の返答後は速やかに破棄させていただきます。

60分でわかる!
生成AI ビジネス活用最前線

2024 年 4 月 27 日　初版　第 1 刷発行
2024 年 5 月 9 日　初版　第 2 刷発行

著者………………………上田雄登

発行者………………………片岡　巌

発行所………………………株式会社 技術評論社
　　　　　　　　　　　　東京都新宿区市谷左内町 21-13

電話………………………03-3513-6150　販売促進部
　　　　　　　　　　　　03-3513-6185　書籍編集部

編集………………………株式会社 エディポック

担当………………………橘　浩之（技術評論社）

装丁………………………菊池　祐（株式会社 ライラック）

本文デザイン…………山本真琴（design.m）

レイアウト・作図……株式会社 エディポック

製本／印刷……………大日本印刷株式会社

定価はカバーに表示してあります。
本書の一部または全部を著作権法の定める範囲を超え、
無断で複写、複製、転載、テープ化、ファイルに落とすことを禁じます。

ISBN978-4-297-14114-1 C3036
Printed in Japan